아주 느린 작별

你忘了全世界, 但我記得你
: 一位語言學學者與她失智, 失語的摯愛丈夫

You May Have Forgotten the Whole World, But I Remember You
: A Linguist and Her Beloved Husband Who Is Now Wordless with Alzheimer's Disease

Copyright © 2024 by Chiu-yu TSENG All rights reserved.
Original edition published by Aquarius Publishing Co., Ltd.
Korean Translation Copyright © 2025 by Dasan Books Co., Ltd.
This Korean edition is published by arrangements with
Aquarius Publishing Co., Ltd., through M.J. Agency.

이 책의 한국어판 저작권은 M.J 에이전시를 통한 저작권사와의 독점 계약으로
㈜다산북스에 있습니다. 신저작권법에 의해 한국 내에서 보호를 받는 저작물이므로
무단 전재 및 복제를 금합니다.

말을 잃어가는 배우자와

침묵을 껴안은 언어학자의 이야기

아주 느린 작별

정추위 지음
오하나 옮김

일러두기
- 이 책의 각주는 옮긴이 주입니다.
- 등장인물의 개인 정보를 보호하기 위해 언급된 일부 인물의 이름은 가명을 사용했습니다.

들어가며

 한 해의 끝이 막 지난 음력 정월 초아흐레 아침, 나는 식탁 앞에 앉아 따끈따끈한 커피로 목을 축이며 창밖에서 쏟아져 들어온 황금빛 햇살이 바닥에 그린 아름다운 그림자를 바라보고 있었다. 푸보와 마주 앉아 함께 아침을 먹고 커피를 마시던 옛날이 유난히도 그리워졌다. 매일 아침 집 안을 가득 채우던 커피 향기와 우리가 함께한 기억을 푸보가 조금이라도 간직할 수 있다면 얼마나 좋을까.
 지난주에 푸보를 보러 갔다. 그날도 꼭 지금처럼 날이 좋았다. 나는 푸보를 휠체어에 태워 정원으로 나와서 일광욕을 함께 즐겼다. 푸보는 나를 봐도 여전히 아무 반응이 없었지만 그건 이미 익숙해져서 아무렇지도 않았다.

얼마 지나지 않아 직원이 점심을 우리에게 가져다주며 병실 밖에서 먹어도 좋다고 말했다. 오늘은 날이 좋아 환자들 모두가 나와 볕을 쬐고 있다고.

몸이 뻣뻣하게 굳어서 허리조차 제대로 펴지 못하는 푸보를 보며 직원이 말했다.

"요즘 몸이 유난히 뻣뻣해진 탓에 옷을 갈아입히기가 더 힘들어졌어요. 앞으로 휠체어에 태우기도 점점 쉽지 않을 거예요. 아무리 허리를 고정해 놔도 아래로 미끄러질 테니까요. 어쩌면 머지않아 누워서 생활을 하실지도 모르겠어요."

그 말에 왜 그렇게 가슴이 아팠을까. 1년 전 막 입소했을 때만 해도 두 발로 멀쩡히 걷던 푸보였다. 누워서 지내면 이렇게 바깥에 나와 일광욕하는 것도 힘들어질 텐데. 푸보의 상태가 왜 이렇게 빨리 나빠지는 걸까? 언젠가 주치의에게 들었던 '과정'이라는 표현이 문득 떠올랐다. 알츠하이머는 돌이킬 수 없는 병이라 모든 증상이 곧 '과정'이라던.

알츠하이머병에 걸린 푸보를 돌보기 위해 나는 2018년 10월 31일에 중앙연구원에서 2년 앞당겨 퇴직하며 36년간의 연구직 생활에 마침표를 찍었다.

나는 1999년 음성 운율 구조에 대한 연구를 시작으로 실험언어학, 코퍼스 언어학, 언어 기술을 결합하여 만든 학제적 연구 방법을 여러 번 되풀이하여 새로운 증명을 찾아내거나 새로운 해석을 도입해 왔다. 시간이 흐를수록 연구 과제들은 순조롭게 진행되었고, 새로운 해석도 속속 생겨났다. 연구 업무가 이렇게 신난 적이 없을 정도였다.

그러나 치매 진단을 받은 푸보가 점점 내게 의지하게 되었고 나는 그토록 사랑해 마지않던 연구직에 이별을 고했다.

마음의 준비를 단단히 하고 직장을 떠난 나는 마침내 푸보의 전천후 보호자가 되었다. 그럼에도 준비가 안 된 게 있었다면 40년 넘는 세월을 함께 걸어온 동반자가 하루하루 내게서 멀어지고 있다는 사실을 받아들이는 자세였다.

일상생활을 돌보는 일이 날로 어려워지리라는 사실 정도는 일찍이 예상했지만, 몸은 그대로인 채 마음이 점점 사라지는 사람을 지켜보는 것만큼은 정말이지 혼자 감당하기에 너무 힘들었다.

외출 후 집에 돌아오면 여전히 소파에 앉아 있는 그를 볼 수 있었지만, 예전처럼 열렬히 반겨주는 눈빛은 사라진 지 오래였다. 내가 습관적으로 말을 걸고 수다를 떨어도 그는 좀처럼 내 말을 귀담아듣거나 대꾸하지 않았다. 식탁 한가득 식사를 차려놓으면 여전히 내 앞에 와서 앉지만, 그의 환한 미소를 다시 볼 순 없었다. 매일같이 나도 모르게 그에게 말을 걸었지만 돌아오는 건 공허한 눈빛과 숨 막히는 침묵뿐이었다. 그와 함께 병원에 가기 위해 택시를 타고 걷고 진료를 받고 약을 타는 일련의 과정에서 나는 그가 내 뒤에 꼭 붙어 있는지 끊임없이 확인해야 했다.

말이 없어지고 반응하지 않는 그의 모습은 그렇게 서서히 나의 괴로움이 되어갔다. 다시는 나를 이해해 주지 않는 남편이란 이토록 슬픈 존재구나. 아무런 대답 없는 가족이란 이토록 상처가 되는구나. 사람은 아직 있는데, 나의 반쪽은 사라지고 없구나…….

더 심각한 문제는 언제나 바삐 움직이며 유능함을 뽐내던 내 인생이 점점 의지할 곳 하나 없이 간병에 속수무책으로 당하는 모습으로 변해간다는 사실이었다. 나는 전처럼 새벽 5시 반에 일어나 한 시간가량 운동하는 습관을 지키고 있다. 식단을 신중히 짰으며 규칙적인 생활 습관을 유지하려고 했다. 그런데 어째서 불안증에 불면증, 그리고 우울증까지 생겨버린 것일까? 내가 왜 아파야 하지?

돌이켜 보면, 그에게 치매가 찾아오고 다시는 마음을 나누지 못하게 된 그때부터 배우자가 있어도 홀로 늙어가는 시간이 시작된 것 같다. 나는 푸보에게만큼은 아무런 불만도 후회도 없이 헌신하고 있다. 그런 나를 푸보도 완전히 믿으며 의지하지만 점점 닫혀가는 그의 마음 앞에서 의지할 곳 없는 나는 외롭고 무력해질 뿐이었다.

40년 넘는 세월의 단련 끝에 나는 연구 업무와 집안일 모두를 능수능란하게 처리할 수 있게 되었지만, 알츠하이머병에 잠식되어 가는 푸보를 맞을 준비는 부족했다. 잦아지는 돌발 상황에 어떻게 대처해야 할지도 잘 몰랐다.

주변 친구들과 학계 사람들은 나를 '강철 인간'이라고 부르곤 했다. 나 역시 강인했던 내가 이렇게 걱정과 불안으로 잠 못 들리라고는 조금도 예상하지 못했고, 예상보다 일찍 맞이하게 된 독거 노년기 때문에 약까지 복용해야 하는 환자가 될 줄은 생각지 못했다.

언제나 건강하고 밝은 모습으로 일과 살림 모두 훌륭히 해냈던 내가 퇴직 후 불과 4년 만에 심신에 병을 얻어 말라비틀어진 늙은이가 되어버린 것이다.

그러다 친구인 류슈즈 교수가 쓴 『혼자 사는 연습을 합니다』라는 책을 읽게 되었다. 그제야 나는 푸보를 돌보기 전은 물론 돌보는 과정에서조차 남편은 있으나 동반자가 없는 나를 위한 마음의 준비를 조금도 해두지 않았음을 깨달았다. 그러니 즐거운 독거 인생을 위한 준비는 더더욱 해두었을 리가 만무하다.

무엇보다 내가 예상치 못한 점은 치매에 걸린 배우자를 돌보는 일이란 아무리 큰 사랑과 헌신을 바쳐도 고작 4년 만에 막다른 길에 몰려 날마다 죽을 것 같은 시간을 보내게 된다는 것이었다.

푸보의 간병을 막 시작했을 때만 해도 나는 건강한 신체와 강한 정신력으로 무장하여 푸보에게 도움이 될 만한 방법이라면 무엇이든 시도했다. 매일 다른 일과를 만들고 각종 모임에도 참석하며 종종 여행까지 다녀왔다. 치매 관련 책과 자료를 찾아 내가 할 수 있고 도움이 되는 일이라면 무엇이든 했다. 그러다 깨달았다. 아무리 '도움이 되는 일'이라 해도 어디까지나 일시적일 뿐이라는 것을. 치매가 진행되는 과정 중에 그가 적극적으로 참여하고 그를 웃게 만든 어떤 활동이 있었더라도, 단기 기억 붕괴와 정신 능력 감퇴로 인해 그 효과는 얼마 지속되지 못했다. 그 어떤 정서적 반응이더라도 아무 흔적 없이 사라져 버렸다.

또 다른 문제도 있었다. 돌봄을 시작했을 당시 나는 이미 68세의 노인이었다. 체력의 한계는 피할 수 없었다.

나는 시간이 갈수록 환자를 돌볼 때 가장 힘든 점은 돌봄 그 자체가 아니라, 그와 함께 병들어 가는 것임을 확실히 느꼈다. 내가 아무리 많은 책과 자료를 찾아 읽어도 그의 심리 변화를 온전히 이해하거나 고통스러운 경험을 함께 나누기 어려웠다. 더욱이 그가 느끼고 있을 무력감과 좌절감은 감히 상상도 되지 않았다. 그러다 보니 나는 돌봄의 과정에서 슬픔과 우울, 좌절과 초조, 그리고 스트레스와 막막함에 시달렸으며, 이는 내 신체를 좀먹거나 정신을 불안하고 멍하게 만들었다. 그렇게 무기력에 빠져버린 나는 어쩔 수 없이 가정 돌봄을 포기해야 했다.

푸보를 요양기관에 보낸 이후 가벼운 우울증 진단을 받았다. 그래도 긍정적이고 이성적인 사고의 끈을 놓지 않은 결과 마침내 소 잃고 외양간 고치는 식이나마 독거 노년 생활에 관심을 가지기 시작했다.

이제 와서 내가 어떤 결정을 내리고 어떤 조치를 취하든 지난 시간을 되돌릴 수는 없겠지만, 이제는 고독에서 벗어나 동반자 없는 삶을 시작해야만 한다.

그러기 위한 첫 번째 단계는 나의 역할을 푸보를 온전히 혼자서만 돌보던 보호자에서 그를 요양기관과 공동으로 돌보는 지원자로 바꾸는 것이다. 푸보가 응급실에 가거나 입원을 해야 하면 언제든 돌봄을 이어받을 수 있도록 준비하고, 필요한 모든 것에 협조한다.

두 번째 단계는 나의 몸과 마음을 '수리'하는 것이다. 운이 좋게도 친구들이 유능하고 친절한 의사를 추천해 준 데다가 효과 좋은 약의 도움까지 더해져 나는 푸보가 요양기관에 들어간 지 반년 만에 불면증과 과민대장증후군을 완치하고 우울증에서도 벗어나 체중을 회복했다.

딸과 자매들, 그리고 오랜 친구들의 적극적인 도움뿐만 아니라 과거의 동료, 비서, 제자들의 관심까지 한 몸에 받으며 나는 넘치는 사랑과 우정 속에서 건강을 순조롭게 회복할 수 있었다.

그러나 나를 가장 놀라게 한 것은 따로 있었다. 비록 지금은 연구를 지속할 수 없는 상태지만, 그렇다고 내가 언어학 연구 외의 다른 일을 한다는 생각은 한 번도 한 적이 없었다. 일흔이 넘은 나이에 새로운 직업을 가진다는 게 가당키나 하겠는가.

그러다 류슈즈 교수의 신간 발표회에 참석해 어쩌다 축사까지 맡아 몇 마디 하게 되었다. 그것이 뜻밖에도 출판사와의 인연이 되어 푸보와 함께한 이야기를 쓰게 된 것이다. 출판 계약을 맺은 지 불과 4개월도 채 지나지 않았을 때 이 책의 초고가 나왔다. 그 결과에 누구보다 놀란 것은 바로 나 자신이었다. 이 책은 내 인생에 찾아온 뜻밖의 인연이라고밖에 설명할 수 없다. 심장에 사무치는 슬픔, 하염없이 흘린 눈물로 병든 반려자를 돌본 기록을 이 책 속에 한 글자 한 글자 눌러 담았다.

사람들이 권하는 흔한 치유 방법으로는 환자 가족으로서 내가 겪은 아픔이 낫지 않았다. 그러나 이 책을 쓰는 동안 바다 건너 멀리 있는 딸 란란이 모든 문장을 함께하며 내가 얻은 이 '우연한 기회'를 뒤에서 지지해 주었다.

이 책이 매일 병든 가족을 돌보는 보호자들의 감정과 치매 가족을 돌보는 이들이 내는 무언의 목소리를 담아낼 수 있다면 좋겠다. 또한 치매 환자를 돌보는 모든 의사와 간호사, 사회복지사와 상담사, 그리고 모든 요양기관 종사자에게 환자 가족으로서 깊은 감사 인사를 전하고 싶다.

차례

들어가며　　　　　　　　　　5

1장　우리의 긴 작별이 시작되었다

그리고 아무 말도 없었다　　　18
여보세요? 왜 전화했어?　　　29
커피　　　　　　　　　　　37
우리, 목욕할까요?　　　　　46
주방 함락　　　　　　　　58
화장실 대참사　　　　　　66
불면의 밤　　　　　　　　78

2장　하루를 버티는 법

여행　　　　　　　　　　　88
하루를 버티는 방법　　　　97
그냥, 산책　　　　　　　107
절대 잃어버리지 않는다　　117
약 먹이기 작전　　　　　128
병원 가는 날　　　　　　136
요양기관 입소 전야　　　143

3장 안녕, 오랜만이야

노래를 들으며	156
입원	165
나의 우울증 극복기	177
지원단 결성	188
서명할 사람이 없다	195
돌봄의 주체	202
부담 주고 싶지 않아	214
나 자신으로 돌아가는 길	225

추신	**234**
추천의 말	**241**

1장

그리고 아무 말도 없었다

한 번도 생각해 본 적 없었다. 푸보가 내 말을 못 알아들을 뿐만 아니라 두 번 다시 입을 열지 않는 날이 오리라고는. 무엇이든 터놓고 얘기하던 우리는 이제 말이 안 통하는 부부가 되어버렸다.

나와 푸보는 1978년 미국에서 결혼했다. 40년 넘는 세월 동안 금실 좋은 부부로 지내며 대화가 끊긴 적이 없었다. 우리의 만남과 결혼은 당시의 여타 유학생들과 크게 다르지 않았다. 학업을 위해 혈혈단신 외국에 건너와 한정된 장학금을 타려고 고군분투하고 있었으며, 집에서 받는 지원금이나 고향에 다녀올 여윳돈도 없는 처지였다. 그러다 우연히 만난 같은 나라 이성 친구가 마침 성격도 잘 맞고 말도 잘 통하면 자연스럽게 연애 기간을 거쳐 평생을 약속한 반려자가 되어 서로를 의지하며 살게 되는 것이다.

우리에게는 연애 때부터 결혼 후까지 변함없이 이어진 한 가지 습관이 있었다. 바로 하루 끝자락에 집으로 돌아오면 서로에게 그날 있었던 굵직한 사건들을 털어놓는 것이다. 대화와 토론은 우리 부부의 삶에 빠질 수 없는 매우 중요한 부분이었다.

푸보는 다소 내성적인 성격에 말수가 적은 편이어서 직장 상사에게 아첨하거나 사석에서조차 입에 발린 말을 하지 않았다. 하지만 집에 돌아와 나와 딸 란란과 함께 있을 때는 이야기보따리를 한가득 풀어놓고는 했다. 란란 역시 학교에 들어갈 무렵부터 사회생활을 시작한 뒤에도 우리에게 늘 학업이나 취업에 관한 것은 물론 시시콜콜한 이야기를 털어놓았다. 그렇게 우리 셋은 언제나 각자 읽은 책이나 그날 있었던 일, 학업의 어려움이나 직장 생활에서의 힘든 점, 그런 상황들을 극복했을 때의 기쁨과 포기할 수밖에 없었던 일로 느낀 무력감까지 전부 함께 나누었다. 그 덕분에 각자가 직면한 크고 작은 일들은 물론 어떤 감정이 들었는지 속속들이 알았고 각자가 맡은 좋은 일, 힘든 일, 심지어 그 일을 함께 겪는 동료들에 대해서도 익숙했다.

이런 분위기가 바로 가족들에게는 무엇이든 기탄없이 털어놓고 완전히 편안해질 수 있는 우리 집의 초석이 되었다.

동시에 우리는 서로에게 '듣는 사람'이기도 했다. 사실 세 식구 사이에 공통 관심사가 그리 많지 않은 탓에 둘씩 짝지어 열렬한 토론이 벌어지는 경우가 많았다. 그럴 때면 나머지 한 사람이 가장 충실한 청중이 되었다.

특히 란란이 성장하는 동안 흥미를 보인 책들이 곧 우리 부부의 주요 대화 소재가 되었다. 아이는 어릴 적 브라이언 자크의 아동 판타지 소설 『레드 월』 시리즈를 좋아해서 우리에게 실감 나게 읽어주고는 했다. 그러다 커가면서 푸보와 독서 취향이 점점 닮아가더니 무협, 판타지, SF 장르에 관심을 보였다. 둘은 김용의 『사조영웅전』과 『천룡팔부』에 대해 열띤 토론을 펼치거나 톨킨의 『반지의 제왕』과 J.K 롤링의 『해리포터』 시리즈 영문 원서를 함께 읽었다.

그 밖에도 부녀는 물리학(광속이나 블랙홀 이야기)과 수학(지수나 이산수학 같은)에 대한 토론도 즐겼다. 그런 방면으로 내 수준은 간단한 확률 개념과 통계 응용 정도에 멈춰 있어 청중의 역할에 충실할 수밖에 없었다. 하지만 인문, 지리, 문화를 이야기할 때면 발언권은 자연히 내게 돌아왔다.

성인이 된 란란은 학업을 위해 집을 떠난 이후에도 주말마다 전화를 걸어 일주일 동안 있었던 크고 작은 일을 재잘재잘 떠들었다. 푸보는 그런 우리 모녀의 길고 긴 수다를 옆에서 미소 지으며 가만히 들어주었다.

우리 부부는 란란이 떠난 후 집에 둘만 남았지만 외롭지는 않았다. 일상이 단조로워지니 도리어 함께 보내는 시간이 많아졌다. 하지만 둘의 공통 관심사가 적은 데다가 전공이 한 명은 수학, 다른 한 명은 사회과학으로 큰 차이가 있다는 사실을 잘 알고 있던 딸은 우리에게 한 가지 제안을 했다. 바로 매일 저녁 잠들기 전에 한 시간씩 드라마를 함께 보라는 것이었다. 또한 내가 출장길에 오를 때마다 푸보와 함께 갈 것을 권하기도 했다. 그렇게 하니 확실히 우리 사이의 이야깃거리가 풍성해졌다.

우리는 왕후장상을 다룬 사극이나 일본 막부 시대를 배경으로 하는 대하극을 주로 시청했다. 일단 둘 다 이러한 역사적 배경에 어느 정도 관심이 있었고, 모르는 부분은 인터넷에서 찾을 수 있어서 배경지식을 수시로 보충할 수 있었다. 무엇보다 국내외를 막론하고 궁중 암투극이라 하면 무릇 부자지간의 배신이나 형제 사이의 갈등처럼 치열한 세력 다툼인 경우가 많은데, 나보다 여섯 살 많은 푸보는 풍부한 학술 행정 업무 경력을 쌓는 동안 시기 질투 때문에 괴롭힘을 당하거나 심지어 동료에게 뒤통수를 맞은 뼈아픈 경험도 있었다. 묵묵히 맡은 일에 열중하며, 경쟁은 잘하지도 잘하고 싶지도 않은 우리 같은 사람들이 익히 겪어본 일이었다. 세월이 흐른 지금은 웃어넘기는 여유까지 생겼지만, 함께 궁중 암투극을 보고 있노라면 급격히 감정 이입이 되곤 했다. '저걸 조금만 일찍 알았어도……' 혹은 '나는 왜 저 생각을 못 했을까?' 읊조리며 피식 웃었다. 덕분에 드라마가 끝나고 나서도 우리의 대화는 끊임없이 이어졌다.

1995년 우리가 시즈구°에 살던 시절, 푸보는 뒤뜰에 온실을 만들고 호접란 화분을 1000개쯤 키웠다. 2010년 정년 퇴임 후 그의 생활은 그야말로 웰빙 라이프의 정석이었다. 매일 꽃을 가꾸고 독서했고 근력 운동과 산책도 게을리하지 않았다.

화초 가꾸기가 그의 오랜 취미 생활이었다면 독서는 순전히 영어 공부를 위한 것이었다. 한번은 내게 대학 영문과 시절 공부했던 소설과 희곡을 묻기에 조지 버나드 쇼, 오스카 와일드, 토머스 에드워드 로런스의 작품을 알려줬다. 그러자 그는 그것들을 전부 한 번씩 훑더니 다음에는 영문 SF소설을 잔뜩 쌓아놓고 하루도 빠짐없이 읽었다.

○ 대만 신베이시의 구. 북동쪽에 위치하며 근교 지역이다.

푸보와 나는 여행도 좋아했다. 세계 각지를 돌아다니며 색다른 풍경을 감상하거나 박물관과 극장을 구경하며 다른 지역의 문화와 음식을 체험하는 일은 새로운 자극과 깨달음, 영감을 끊임없이 선사했다. 우리는 특히 여행 전후에 각자의 관심사를 공부하는 것을 좋아했다. 그는 퇴직 후 이 일에 더욱 재미를 붙였다. 튀르키예, 인도에 다녀온 후에는 유구한 역사와 독특한 문화 특색을 지닌 나라에 깊은 호감을 품어 역사와 종교 책 읽기에 취미를 붙일 정도였다.

그 밖에도 푸보의 빠지지 않는 일과에는 인터넷에서 신문을 읽고 관련 정보를 탐색하는 것과 백전백승을 자랑하는 스도쿠 게임이 있었다.

그에게 처음 치매 증상이 발현된 건 2013년 무렵이었다. 나는 명확하게 느낄 수 있었다. 그가 자신의 치매 가능성을 애써 외면한 채 일상을 유지하려 애쓰고 있다는 것을. 나는 묵묵히 치매 관련 정보를 찾아보면서 식단을 지중해식으로 바꾸는 것부터 시작했다.

하지만 아무리 노력해도 내습해 오는 알츠하이머병을 막을 방도는 없었다. 2014년 말에는 증상이 조금 더 심해지더니 단기 기억력이 감퇴해 깜빡깜빡하는 일이 잦아졌다. 언제나 논리정연했던 그는 글씨를 엉망으로 쓰기 시작하더니 급기야 말도 점점 어눌해졌다. 방향감각이 뛰어나서 길 찾기에 둘째가라면 서러울 정도였는데 걸핏하면 길을 잃었다. 운전해서 돌아오는 길에는 집을 지나쳐 갈 정도였다.

2015년 5월, 치매에 걸린 푸보의 형이 요양기관에 들어갔다. 이듬해에는 기관의 요청에 따라 내가 아주버님의 후견인이 되었다. 당시 나는 퇴직 전이었고 직장을 다니고 있는 상태에서 졸지에 치매 가족 두 명의 보호 관리를 맡은 것이다. 푸보를 보살필 마음의 준비야 이미 오래전에 끝냈지만, 그가 더는 자기 형을 보살피지 못하는 상태였기에 이 일 역시 내 몫이 되었다. 나의 불안은 어쩌면 그때부터 시작되었는지도 모르겠다.

나는 그가 하루라도 빨리 약의 도움을 받아 치매 증상을 늦추길 바랐다. 하지만 그는 자꾸만 현실을 외면했다. 결국 나의 끈질긴 설득 끝에 2016년이 되어서야 오랜 친분이 있는 의사에게 진찰을 받으러 갈 수 있었다. 다양한 건강 검진 및 심리 검사를 진행한 결과 푸보는 초기 알츠하이머병 진단을 받고 마침내 정기 검진과 약물 복용을 시작했다.

의사가 그에게 매일 무슨 일을 하며 지내냐고 묻자 그가 대답했다.

"독서요."

의사가 다시 말했다.

"부인께 공책 한 권 준비해 달라고 해서 매일 읽은 책 내용을 한 줄로 정리해 보세요."

하지만 그는 한 번도 하지 않았다. 혈압을 재고 약을 먹는 일조차 내가 억지로 시켜야 했다.

2017년부터 증상이 부쩍 심해졌다. 매일 아침 식사 후 서재에 들어가 컴퓨터를 켜는 것이 일과였는데, 언제부터인지 컴퓨터 앞에 앉아 있는 시간이 점점 줄어들더니 급기야 컴퓨터를 켜지도 서재에 들어가지도 않았다. 손에서 책을 놓지 않았던 그였는데 이마저도 점점 잊어버려 결국 어떤 소설에도 관심을 보이지 않았다.

그렇게 증상이 심해지는 동안 그는 내게 하나부터 열까지 의지하기 시작했다. 내가 일하는 동안 쉴 틈 없이 전화해 어디에 있으며 집에 언제 오는지 물었다. 결국 나는 2018년에 퇴직하여 푸보의 전업 보호자가 되었다.

2021년, 코로나19 팬데믹으로 외출이 금지되는 동안 푸보의 병세가 급격히 악화했다. 독서와 인터넷, 스도쿠는 물론이고 휴대폰도 손에서 놓았다. 언어 소통 방면에서도 명확한 변화를 보였다. 일단 입을 여는 일이 줄어들었다. 그러다 하루가 다르게 말이 어눌해지고 내용도 빈약해졌다. 질문을 던지면 반드시 대답했는데 어느 순간 대답하고 싶은 것만 골라서 하기 시작했다.

집에만 있으면 지루해서였는지 외출을 좋아하던 그였다. 하지만 코로나19로 외출이 금지되자 병세 악화와 더불어 인지 퇴화가 급속도로 진행되었다. 팬데믹이 다소 진정되자 최대한 자주 그를 데리고 밖에 나가 산책했다. 내가 "오늘 날씨가 참 좋아. 우리 나가서 좀 걸을까?"라고 말하면 그는 보통 이렇게 대답했다.

"좋아!"

하지만 내가 바로 뒤이어 "어디로 갈까?" 하고 물으면 더 이상 대답하려 들지 않았다. 그저 "당신이 앞장서!"라고 말하고는 입을 다무는 것이 전부였다.

아침을 먹고 난 뒤에 세수하던 일과를 잊은 지 오래인 그에게 "자, 얼른 양치랑 면도해야지"라고 말할 때 그의 대답은 "알았어"에서 점점 "했어"로 변했다. 그러다 나중에는 대답은커녕 돌처럼 앉아 꿈쩍도 안 했다. 그렇게 우리 사이의 대화는 사라졌다. 그의 삶은 자주성을 잃어가는 만큼 타인의 도움이 절실해지고 있었다.

나는 시어머니의 치매를 간병한 경험이 있다. 푸보를 돌보는 일도 어렵지 않다고 생각했다. 하지만 날이 갈수록 그 당시 시어머니를 보호하는 주 책임자는 푸보였다는 깨달음만 커질 뿐이었다. 물론 그 시간 동안 내가 아무것도 안 한 것은 아니었다. 옷가지와 먹거리를 조달하고 때론 음식을 직접 만들어 보냈다. 시어머니가 들어갈 요양기관을 알아봤으며, 연락이 오는 즉시 구급차를 부른 다음 직장에서 곧바로 뛰쳐나가고는 했다. 하지만 나의 그 모든 행동은 단지 '협조'일 뿐이었다. 부지런하고 빠릿빠릿 움직이기만 하면 충분했기에 나는 이걸 고생이라고 생각하지 않았다. 모두 푸보가 앞장서서 중요한 선택이나 결정을 내 차례까지 오기 전에 처리한 덕분이었다.

푸보의 치매가 시작되고서야 알았다. 내가 그 어떤 마음의 준비를 한다 해도 그의 변화를 대비할 수는 없다는 것을.

퇴직을 앞두고 연구실을 정리하고 제출할 서류를 준비하는 동안에도 나는 여전히 연구에 몰두하고 있었다. 하루아침에 연구실에서 집으로 돌아가 노인을 간병하는 노인이 되어 맞닥뜨릴 곤경을 감히 상상조차 할 수 없었다.

더욱이 음성학 전문가로서 음성 운율 현상에 대한 이론과 계측 가능한 증거를 가지고 있는 나조차 치매 환자를 돌볼 때 언어 소통이 얼마나 중요한지 알려주는 그 어떤 자료도 떠올리지 못했다. 그 어떤 연구 자료나 책도 가르쳐주지 않았다. 치매가 진행되면서 점점 말을 잃어가는 가족은 어떻게 돌봐야 하는지. 이제 우리 사이의 대화라고는 먹고 싸고 씻고 자는 것에 관한 가장 기본적인 질문과 대답만이 남았다. 그마저도 순식간에 한두 글자의 간단한 대답에서 손짓, 발짓으로 변했다. 긍정과 부정의 뜻은 고개를 끄덕이거나 도리질로 대신했고, 손사래는 어느새 밀어내는 행위로 바뀌었다. 거절할 땐 그저 얼굴을 돌려 외면했으며 살살 밀어내던 것은 힘껏 밀치는 식이 되어버렸다.

세계적인 언어학자 노엄 촘스키는 '언어란 인간의 영혼으로 통하는 창'이라고 말한다. 말을 잃은 푸보는 영혼의 창을 닫은 채 사람들에게서 점점 멀어져 갔다. 이제 더 이상 그의 내면세계를 알 방법이 없어진 나와 딸아이는 그를 마주하거나 떠올릴 때면 한없이 쓸쓸해질 뿐이었다.

여보세요? 왜 전화했어?

회의 도중 또다시 휴대폰이 울렸다. 하지만 회의 중에는 절대 전화를 받을 수 없다. 소장직을 맡은 지 어느새 6년 차, 업무가 숙달된 것은 물론이고 내심 그 자리에서 기꺼이 물러날 수도 있겠다는 생각마저 하던 참이었다. 그러면 소장 업무는 다시 안 해도 되고 내가 가장 좋아하는 연구에만 몰두할 수 있을 테니까. 당시 67세였던 나는 그곳의 석좌 연구원이었기 때문에 70세까지 일할 수 있었다. 향후 3년간 연구할 프로젝트도 다 계획해 둔 터였다. 나는 20여 년간 연구한 음성 운율 분야에서 완성된 이론을 가지고 있기도 했다.

전화가 왔을 때는 두 달에 한 번 열리는 사무 회의를 주관하고 있었는데, 대표자가 중요한 의제를 다루는 자리에서 한눈팔 수는 없는 노릇이었다. 특히 그날은 동료들에게 우리가 제출한 내년 경비 내역이 입법원 심사를 거쳐 어떻게 감축됐는지, 순조로운 연구 진행을 위해 우리가 어떻게 대응해야 하는지 자세히 설명하는 날이었다. 게다가 우리 기관 연구직에 지원한 사람들의 관련 자료 및 내외부 전문가들에게 의뢰한 심사보고서를 검토한 후, 투표를 통해 채용 여부를 결정하는 일도 남아 있었다. 이 두 가지 사항은 행정 업무에서 매우 중요해서 회의에 참석한 모든 사람의 집중과 관심이 필요했다. 그런데 대표인 내가 휴대폰을 신경 쓰고 있을 순 없지 않은가.

그러나 한참이나 진동하던 휴대폰은 멈추기가 무섭게 또다시 울리기를 몇 번이고 반복했다. 나는 슬슬 불안해졌다. 근무 시간에 소장을 찾는 전화라면 보통 소장실로 직접 연락하기 때문에 내가 부재중이더라도 다른 사람이 대신 받아 처리할 수 있다. 휴대폰으로 연락이 오는 건 가족이나 친구에게 급한 일이 생겼을 때뿐이다. 시부모님과 아버지까지 작고하신 상태에서 내 가족에게 생길 수 있는 급한 일이란 고령의 어머니가 긴급 입원이 필요한 상황 정도였다. 나에게는 여동생이 두 명 있는데 원래는 둘 다 직장을 다니다 얼마 전 막냇

동생이 일을 그만둔 상태였다. 성격이 민첩하고 행동력도 강한 아이라 어머니께 무슨 일이 생기면 늘 먼저 나서서 씩씩하게 처리한 다음 일하는 언니들에게 알리곤 했다. 내가 전화를 받지 않으면 메시지를 남겨놓을지언정 이렇게까지 전화할 리가 없었다. 만약 치매가 있는 아주버님 쪽에 급한 문제가 생긴 거라면 푸보가 먼저 처리할 터였다.

그럼 지금 전화하는 사람은 대체 누구란 말인가?

곁눈질로 슬쩍 휴대폰을 확인해 보았다. 푸보였다. 무슨 일이라도 난 걸까?

예산 삭감안 회의가 끝난 다음 나는 10분만 쉬자고 말하고 바로 회의실을 나와 푸보에게 전화를 걸었다. 그리고 전화를 받은 푸보에게 잔뜩 짜증 난 말투로 쏘아붙였다.

"여보세요? 왜 전화했어?"

"어디야? 뭐 하는데?"

"회사지 어디겠어. 회의 중이었어!"

"아! 아무것도 아니야. 그냥 뭐 하는지 궁금해서."

"뭐? 알았어! 그럼 나 회의 들어간다."

그날 퇴근 후 집에 들어가자마자 나는 그에게 따져 물었다. 근무 시간인 걸 뻔히 알면서 왜 그렇게 전화를 많이 걸었냐고 말이다. 그러자 그는 천진하게 웃으며 말했다.

"당신 바쁜 거 아는데 내가 왜 전화를 해? 뭔가 잘못 안 거겠지."

"발뺌하시겠다? 앞으로는 일할 때 부재중 전화가 와도 절대 다시 안 걸 거야."

저녁 식사 준비할 시간도 부족한데 이런 의미 없는 대화를 계속할 수는 없었다. 일부러 화난 척 으름장을 놓는 것으로 일단 넘어가기로 했다.

하지만 그날 이후 푸보는 점점 더 자주 전화를 걸었다. 나의 짜증은 어느새 걱정으로 바뀌었다. 으름장을 놓은 것이 무색할 만큼 전화가 와 있을 때마다 꼬박꼬박 연락을 했다. 그의 대답은 "어디야? 뭐 해?"에서 "어디야? 집에 언제 와?"로 변해갔다.

시어머니가 7, 8년 정도 치매를 앓다가 돌아가셨고, 아주버님 역시 몇 년 전부터 치매 때문에 혼자 생활이 불가능하여 우리 부부가 천신만고 끝에 요양기관으로 보내드린 상태였다. 마음속에 슬슬 걱정과 두려움이 몰려왔다. 푸보에게도 기억력 감퇴 외에 다른 문제가 생긴 건 아닐까. 내가 전화 하나로 이렇게까지 걱정하는 데에는 그만한 이유가 있다. 우리 부부는 미국 유학을 마치고 돌아와 직장 생활을 시작한 이후 바쁜 근무 시간만큼은 전화를 거는 일이 거의 없었다.

20여 년 전, 암에 걸린 시아버지가 투병 생활을 하는 2년간 푸보는 대학교에서 교수에 학과장까지 겸하느라 매우 바쁜 상황이었다. 형에 여동생, 남동생까지 형제자매가 셋이나 더 있었지만 간병을 혼자 책임진 푸보는 늘 이렇게 말했다.

"내 부모님 내가 돌보는 건데 뭘."

당시 푸보보다 한 살 많은 아주버님은 교통대[○] 교수였는데, 타이베이시에 계신 부모님이 무슨 도움을 청하든 늘 "저 지금 신주예요"라는 말 한마디로 거절하고 코빼기도 비치지 않았다. 푸보보다 세 살 어린 여동생은 신주시보다 더 먼 미국에 살고 있어서 시아버지가 투병하는 동안 딱 한 번 찾아온 게 전부였다. 시어머니가 치매에 걸린 후에는 매년 가을에 귀국해 2주간 머물기도 했지만, 그 외에는 전부 바다 건너에서 병세를 물어올 뿐이었다. 이후 아주버님까지 치매에 걸리고 푸보와 다툰 아가씨는 오빠들과 사이가 데면데면해졌다. 나와 동갑인 시동생은 대만에서 초창기에 해외로 진출한 사업가로, 1990년쯤 상하이로 건너가 창업한 이후 가족들 삶에서 완전히 배제된 상태였다. 그래도 당시 우리 부부는 아직 젊었기에 어떻게든 할 수 있었다.

○ 대만의 국립교통대학교. 신주시에 위치해 있다.

네 명 중 유일하게 타이베이시에 남아 있는 자식이었던 푸보는 난강에 있는 집과 청난에 있는 대학교, 그리고 톈무에 있는 병원 사이를 동분서주 오갔다. 당시만 해도 자가용이 이제 막 보편화되기 시작한 때였고 지하철은 생기기도 전이었다. 나는 직장 일도 하면서 딸아이 육아와 집안일, 그리고 시아버지의 화학 치료에 필요한 지원을 담당했다. 급히 여벌 옷이 필요하거나 드시고 싶어 하는 음식이 생기면 즉시 준비해 난강에서 톈무에 있는 병원까지 달려가곤 했다. 아직 학교에 들어가기도 전이었던 어린 딸 란란을 혼자 두는 게 문제였지만, 다행히도 마음씨 좋은 이웃들이 기꺼이 도움의 손길을 내주어 사정이 생길 때마다 아이를 맡길 수 있었다.

당시 마흔도 채 되지 않은 나는 연구원(교수와 동일하다)이 되기 위해 열심히 일했고 심한 업무 스트레스를 받고 있었다. 란란이 말도 잘 듣고 좀처럼 말썽 부리는 일이 없다는 게 다행이라면 다행이었다. 매일 밤 피곤에 찌든 채 누워도 자고 일어나면 언제 그랬냐는 듯 다시 쌩쌩해졌다. 그렇다고 아주 여유로운 것도 아니었지만 젊음이 있기에 감당할 수 있었다.

휴대폰 없이 그토록 바쁘게 살던 때에도 부부간의 의사소통에 아무런 문제가 없었다. 우리에게 전화란 그저 통신 수단 그 이상도 이하도 아니었다.

푸보의 행정 업무는 그 이후로도 장차 15년이나 계속되었다. 학과장에서 원장으로 다시 교무장에서 교장 대행까지 오르는 동안 적지 않은 부침을 겪었다. 그가 얼마나 바쁜지 알기에 방해하고 싶지 않았던 나는 무슨 일이 생겨도 그의 비서에게 내용을 전달했다. 비서가 "사모님, 지금은 손님 안 계세요" 혹은 "사모님, 오늘은 회의 없어요"라고 말해도 내 대답은 늘 같았다.

"그래도 대신 전해주세요. 저도 일해야 해서요."

2010년 초 대학에서 퇴직한 푸보는 매주 목요일마다 치매를 앓는 형을 돌보러 신주에 갔다. 규칙적인 일정이 생기자 내가 회사에 있는 동안 그가 내게 전화하는 일은 더욱 드물어졌다.

그랬던 푸보가 내가 일하고 있을 때 자꾸 전화를 걸어 나를 걱정시키기 시작했다. 다시 전화를 걸면 받지 않는 날도 점점 늘었다. 불안했다. 집에는 있는 걸까? 아니면 어디 나갔을까? 뭐 하고 있지? 왜 전화를 했으며, 내 전화는 왜 또 안 받는 거야?

퇴근 후 집에 돌아가 왜 전화를 그리도 많이 했으며, 내 전화는 왜 받지 않았는지 물어도 그는 그저 빙그레 웃으며 이렇게 말할 뿐이었다.

"무슨 소리야? 당신이 그렇게 바쁜 와중에 논문까지 준비하는 걸 아는데, 내가 왜 전화를 했겠어?"

그때만 해도 예상할 수 없었다. 얼마 지나지 않아 푸보의 지능이 퇴화해 단기 기억부터 점차 소실될 거라고 말이다. 퇴근 후 저녁 식사를 준비하며 밥솥을 열면 그가 점심에 데우려고 넣어둔 음식이 식은 채 그대로 남아 있었다. 방향감각이 사라지는 모습도 보였다. 외출할 때마다 어디로 가야 할지 몰라 우왕좌왕하는 것이다. 고속도로에서 운전할 때면 어떻게 가야 하는지 계속 물었다. 심지어 돌아오는 길에 집을 지나치기도 했다.

나는 더 이상 그를 집에 혼자 둘 수 없었다. 1년 후, 결국 나는 예상보다 일찍 퇴직했다. 잘하고 좋아했던 연구직에서 물러나 하루아침에 전업 보호자가 된 것이다.

푸보가 매일같이 그토록 필사적으로 내게 전화를 건 것은 단지 시작에 불과했다. 불과 몇 년 만에 그는 휴대폰이 뭐 하는 물건인지조차 알아보지 못하게 됐으니까.

그렇게 전화를 시작으로 나는 한 걸음 한 걸음 불안과 초조, 슬픔과 걱정 그리고 무기력감 속으로 천천히 빠져들었다.

커피

푸보의 약을 받아 들고 약국을 나섰다. 바깥으로 나오자마자 작열하는 태양이 머리 위로 사정없이 열기를 쏟아냈다. 눈을 가늘게 떴다. 한여름 햇빛의 위력은 해질녘에도 대단해 도저히 숨을 곳이 없었다. 그저 집으로 서둘러 돌아갈 수밖에.

먼 거리도 아닌데 집에 다다를 즈음에는 온몸이 이미 땀으로 젖어 있었다. 현관문을 열며 시원한 공기를 들이마실 준비를 했다. 그러나 나를 맞이한 건 진한 커피 향을 머금은 후텁지근함이었다. 내가 외출했을 때 푸보가 리모컨을 찾아 에어컨을 꺼버린 것이다. 그러고는 또 커피를 내려놓았다.

나는 작은 현관에 우두커니 서서 거실 쪽을 멍하니 바라보았다. 식탁, 거실 테이블, 라디오 위까지 사방에 커피잔이 놓여 있었다.

좁은 주방 문 앞으로 가보니 얼굴 전체에 땀을 뻘뻘 흘리는 푸보가 내가 온 줄도 모르고 커피머신 앞에서 몸을 숙인 채 온 정신을 집중하고 있었다. 그를 방해하지 않으려 살금살금 움직이며 리모컨을 찾아 28도로 설정되어 있는지 다시 한번 확인한 후 에어컨을 켰다. 그런 다음 또다시 살금살금 움직여 푸보가 리모컨을 찾아내지 못하게 내 가방 안에 숨겼다.

그다음에는 푸보의 눈을 피해 몰래 커피를 버려야 했다. 소리 나지 않게 조심조심 움직이며 커피잔들을 화장실로 가져가 세면대에 버리고 커피 흔적을 물로 씻어내렸다. 빈 잔은 다시 주방의 싱크대로 가져가 씻어야 했다.

주방에 들어선 나를 발견한 푸보가 고개를 들어 나를 향해 웃어 보였다. 그의 두 눈에 즐거움이 가득했다.

그에게 다가가 조심스레 손을 끌며 주방에서 데리고 나오려 했다. 그러자 그가 커피머신을 가리키며 말했다.

"커피, 커피."

"그래, 그래!"

나는 대답과 동시에 그를 가볍게 끌어당기며 거실로 이끈 후 소파에 앉혔다.

입고 있는 티셔츠가 흥건히 젖었는데도 그는 곧장 주변을 두리번거리며 리모컨을 찾기 시작했다. 에어컨을 또 꺼버릴 심산이었다. 내가 만류하며 말했다.

"아니야, 에어컨 안 틀었어!"

그는 그제야 포기하고 비스듬히 누워 가만히 휴식했다.

매일 아침과 점심 식사 후 커피를 내려 마시던 생활이 끝났다. 대신 집 안 구석구석 생각지도 못한 곳에서 불시에 커피가 발견되기 시작했다. 거실과 주방을 제외하고도 서재 책상, 책장 틈새, 캐비닛 위, 안방 화장대, 5단 서랍장 위에도 커피가 무작위로 한 잔씩 놓여 있었다.

푸보는 커피를 내린 것까지만 기억할 뿐, 몇 잔이나 내렸는지는 기억하지 못했다. 커피 마시는 것을 좋아했는데 이젠 그마저도 잊은 듯했다. 그저 여기저기 식어버린 커피를 잔뜩 늘어놓고 향만 풍길 뿐.

푸보는 내가 커피 내리는 일을 말리거나 뜨거운 커피를 못 마시게 하면 싫어했다. 무엇보다 내가 그 커피들을 버리는 걸 제일 싫어했다. 이제 그는 그저 커피머신 앞에 서서 버튼 하나하나를 신중히 누를 뿐이었다. 그러다 커피가 내려지면 기쁜 듯 그 모습을 지켜보았다. 한 잔, 또 한 잔, 끊임없이 내렸다. 나는 그 많은 커피를 전부 마시다가는 잠이 안 올 것이 뻔하기에 몰래 화장실로 가져가서 버리는 수밖에 없었다.

　나중에는 내가 무슨 말로 어르고 달래든 그는 커피머신 앞을 떠나지 않으려 했다. 커피가 다 내려지면 적당한 곳을 찾아 커피잔을 옮겨놓은 후, 다시 돌아와 다음 커피를 내렸다.

　그간 우리의 아침 식사가 늘 서양식이었던 이유는 매일 아침 커피 한 잔을 즐기기 위해서였다. 푸보는 퇴직 후 매일 아침 식사 전에 두 잔의 커피를 내리는 것을 참 좋아했다.

　수십 년간 주방일을 도맡은 내가 고작 커피를 내리지 못해 그의 도움이 필요했겠는가? 달걀을 삶고 과일 주스를 만들고 빵을 굽고 커피를 내리는 일련의 과정은 눈 감고도 할 만큼 익숙했다. 달걀이 다 삶아졌음을 알리는 타이머가 울릴 때쯤 다른 메뉴들은 식탁에 이미 준비된 상태로 우리를 기다릴 정도였다.

　그러다 주방 일과는 거리가 멀었던 푸보가 퇴직 후 매일 아침 향기로운 커피를 내리는 데 흥미를 갖기 시작했다. 어찌 그 기쁨을 빼앗겠는가? 인터넷으로 자료를 찾고 산책길에 있는 카페에 들어가 다양한 종류의 커피를 마셔보고 각종 커피용품과 원두를 구입하는 그를 응원하며 기꺼이 커피 내리는 임무를 맡겼다. 가끔 집에 손님이 찾아올 때는 그가 솜씨를 발휘할 절호의 기회였다. 그간 커피를 마시기만 하다가 마침내 커피를 직접 내리는 것이 취미가 되었으니, 그의 다음 행보는 어쩌면 요리가 될 수도 있겠다는 생각도 했다.

그가 커피를 내리는 취미를 가졌을 때쯤 나는 아직 퇴직 전이었다. 내가 조금만 더 일찍 일어나 아침 식사 시간을 확보하면 커피가 식탁에 조금 늦게 올라오는 것쯤은 문제 될 것이 없었다. 곧 푸보는 이탈리아 커피머신을 능숙하게 다룰 수 있을 뿐만 아니라 진한 우유 거품을 내는 방법까지 터득했다. 매일 아침 우리는 커피부터 크게 한 입 마신 후 식사를 시작했다. 식사 마지막에는 우유 거품이 촘촘히 올라간 카페라테를 음미하는 것이 즐거움이었다. 라디오에서 흘러나오는 클래식을 배경음악 삼아 맑은 날에는 베란다 화분 위로 쏟아지는 금빛 햇살을, 비가 오면 창밖에 내리는 가느다란 빗줄기를 감상하며 커피를 마셨다.

내가 퇴직한 뒤에는 점심 식사 후에도 커피 타임을 가졌다. 내가 모든 도구를 준비해 놓으면 푸보가 커피 주전자를 들고 온 정신을 집중해 필터 위로 천천히 원을 그리며 물을 내렸다. 그런 그의 성과를 응원하기 위해 나는 언제나 소량의 디저트를 준비해 그의 작은 취미를 완성시켰다.

하지만 언제부턴가 푸보의 동작이 점점 느려졌다. 아침에 마실 커피 두 잔을 내리는 데 점점 오랜 시간이 걸렸다. 나는 두 눈을 끔뻑이며 노릇노릇 잘 구워진 바삭한 빵이 눈앞에서 식어가는 모습을 지켜볼 수밖에 없었다. 못 참고 한 입 베어 물었을 땐 이미 가죽처럼 질겨진 후였다. 나중에는 내 몫의 달걀과 과일주스, 시리얼을 다 먹을 때까지 커피가 준비되지 않기도 했다.

나는 주치의인 친구에게 투덜대며 말했다. 매일 아침 인내심을 가지고 커피가 없는 그 긴 시간을 기다리지만 차마 푸보에게 화를 낼 수조차 없다고. 친구는 이렇게 대답했다.

"커피를 내릴 줄 아는 것만으로도 감사하게 생각해."

내심 놀랐다. 언젠가는, 커피를 내리는 방법조차 잊게 되겠구나.

푸보는 하루가 다르게 건망증이 심해졌다. 커피를 내릴 줄은 알아도 몇 잔을 내렸는지는 기억하지 못했다. 그렇게 내린 커피를 사방에 두고도 마셨는지 아닌지조차 몰랐다. 아침 식사 전에 규칙적으로 내리던 커피는 어느새 시간을 가리지 않고 내리는 것이 되었다.

오후가 되면 내가 준비해 둔 도구로 핸드 드립 커피를 내려주던 그는 오른손에 뜨거운 물 주전자를 들고서 그걸 멍하니 쳐다만 보고 있었다. 물을 어느 방향으로 얼마큼 따라야 하는지 전부 잊은 것이다. 애써 좋은 말로 알려주고 직접 시범까지 보여줘도 그는 초점 없는 눈으로 멍하니 구경만 할 뿐이었다. 심지어 뜨겁게 내려진 커피가 눈앞에 있어도 마실 생각조차 하지 않았다. 주치의가 말했다. 그가 뜨거운 물을 드는 것은 너무 위험하니 이런 활동은 이제 그만두는 것이 좋겠다고.

커피를 마시는 습관도 변해갔다. 원래는 뜨거울 때 천천히 음미했지만 이제는 아무리 주의를 주어도 알아들은 척만 할 뿐 결국 단숨에 마셔버리는 것이다.

어느 날은 아침 식사 후 커피를 마시겠느냐고 물으니 아무 반응도 하지 않았다. 여느 때와 마찬가지로 커피잔을 가리키며 그에게 물었다.

"커피는 왜 아직 안 마셨어?"

그러자 그는 아무 대꾸 없이 잔을 들고는 커피를 식탁 위에 쏟아버렸다. 커피가 바닥으로 뚝뚝 흘러 떨어졌다. 결국 커피를 마시는 방법조차 잊어버린 것이다.

푸보가 장기 요양기관에 들어간 후, 이 집에는 나만 남았다. 식사도 혼자 해야 했다. 우리 부부가 마주 보고 앉아 커피를 마시던 시간은 이미 과거가 되었다. 이제 푸보는 말을 할 수도 없고 불평할 줄도 모르며 집에서 먹던 식사도 떠올리지 못한다.

기관에서 주는 단체 식사는 영양사가 정성 들여 짠 식단이다. 매일 다른 색깔의 채소와 과일 그리고 닭, 생선, 새우, 고기 등의 육류와 각종 면 종류와 만두까지 다양하게 제공된다. 그럼에도 푸보가 자신이 그렇게 좋아하던 서양식 아침 식사를 두 번 다시 못 먹는다는 생각을 하면 마음이 아프다. 그렇다고 일하는 분들께 폐를 끼칠 순 없지 않은가.

한번은 푸보의 병문안을 갔는데 한 직원이 내게 '푸보가 커피와 양식 메뉴를 좋아하지 않느냐'고 물었다. 언젠가 단체 점심 식사가 끝난 뒤, 직원 중 한 명의 생일 기념으로 피자를 배달시켜 먹는 모습을 보고 푸보의 눈빛이 반짝였단다. 그래서 한 조각 나눠 주었더니 무척이나 기뻐하며 순식간에 먹었다고 한다. 직원들이 휴식 시간에 커피를 내려 마실 때면 그 향기에 슬며시 미소를 짓기도 한다고.

나는 그 말을 기억해 두었다가 다음 방문에는 캔 커피를 잔뜩 사 들고 갔다. 가져온 커피를 모든 직원에게 나눠주었다. 내 마음을 알아준 직원들이 그에게는 매일 조금씩만 커피를 주겠다고 말했다. 카페인으로 인한 흥분 상태를 막으려면 어쩔 수 없었다. 그렇게 몇 주 지나지 않아 생각지도 못한 소식을 들었다. 푸보가 이제는 커피를 마시기는커녕 거들떠보지도 않는다는 것이다.

푸보의 기억이 이제 정말 얼마 남지 않았으며, 앞으로도 계속해서 무너질 일만 남았다는 건 누구보다 잘 알고 있다. 하지만 그 사실을 떠올리기만 해도 여전히 눈물이 난다.

   도대체 그의 마음속에는 이제 무엇이 남아 있을까?

   그의 인생 마지막까지 이 잔인한 병 앞에 함께 서 있는 것 외에, 내가 그를 위해 무엇을 할 수 있을까?

우리, 목욕할까요?

자정이 가까워져 오는데 안방에 딸린 화장실에서 물소리가 끊이지 않았다. 9시쯤 들어간 푸보가 무려 세 시간째 씻는 소리였다.

우리가 사는 난강 지역 날씨는 너무 습해서 푸보는 화장실을 최대한 건조하게 만드는 데 늘 진심이었다. 그는 항상 내가 씻은 다음 들어가 목욕을 했고 벽면, 유리문, 바닥의 타일까지 물 한 방울 남기지 않고 꼼꼼하게 닦고 나왔다.

하지만 최근 들어 푸보가 자기 전에 화장실에 들어가 머무는 시간이 길어지고 있었다. 물소리가 멈출 만하면 들리고 멈출 만하면 들리기를 반복했다.

 자려고 누워 있던 나는 안방의 그 소리 때문에 세 시간째 잠들지 못했다. 결국 침대에서 내려와 화장실로 쳐들어갔지만 문은 굳게 잠겨 있었다.

 의사는 그가 화장실에 있을 땐 만약의 상황을 대비해 절대 문을 잠그게 하지 말라고 당부했다. 그러나 그는 늘 이렇게 말을 듣지 않았다. 나는 하는 수 없이 동전으로 문을 따고 들어갔다.

 "뭐 하는 거야?"

 일순간 얼굴을 덮쳐오는 열기 속에서 그의 호통 소리가 들렸다.

 "하도 안 나오길래. 다 씻었어?"

 그는 계속해서 짜증을 내며 말했다.

 "당장 나가, 나가라고. 목욕하는데 왜 들어오고 난리야? 다 씻으면 내가 알아서 나갈게."

 "벌써 세 시간째 씻고 있잖아. 얼른 자야지!"

 "됐어, 얼른 나가. 나는 다 씻고 나갈 테니까."

 여름, 겨울 할 것 없이 푸보는 항상 뜨거운 물로 씻었다. 내가 에어컨을 틀면 재빨리 리모컨을 찾아 꺼버렸다. 덕분에 화장실은 이미 후끈하게 달궈진 지 오래였다. 그는 땀을 뻘뻘 흘리며 밖으로 나와 수건으로 몸을 닦았다.

어느 여름밤, 열기 때문에 아무리 닦아도 땀이 흐르자 그가 다시 화장실로 들어가며 말했다.

"날씨가 너무 더워서 몸이 끈적끈적해. 씻고 자야겠어."

말렸지만 당연히 헛수고였다. 벌써 몇 번쨰지 모를 목욕을 또다시 반복했다. 아무리 말려도 들은 척도 하지 않았다.

반복된 목욕 때문에 건조해질 대로 건조해진 그의 종아리에 각질이 올라오고 피부에는 습진이 생기기 시작했다. 목욕을 마치고 나온 푸보에게 보디로션을 발라주려면 한바탕 전쟁을 치러야 했다. 그는 두 손으로 나를 밀치며 이렇게 말했다.

"이게 뭐야? 싫어, 안 할 거야."

그러던 어느 날 푸보가 갑자기 목욕을 멈췄다.

나는 씻지도 않고 잠자리에 드는 그를 향해 최대한 온화한 목소리로 말했다.

"여보, 씻고 자는 게 어때?"

그러자 그가 귀찮다는 듯 대답했다.

"씻었어."

그러고는 곧장 침대에 눕는 것이었다.

그렇게 하루가 지나고 이틀이 지나자 슬슬 걱정되기 시작했다. 씻지도 않고 옷도 안 갈아입으려 하니 이를 어쩜 좋단 말인가? 방법을 바꿔보기로 했다. 일단 욕조에 물을 가득 채운 다음, 그의 손을 잡고 화장실로 데려가는 것이다.

욕조에 가득 찬 물을 본 그가 내게 물었다.

"이게 뭐야?"

"춥지? 여기 들어가면 몸이 풀릴 거야."

그러자 그가 마지못해 "알았어"라고 대답하고 나를 문밖으로 밀었다.

"당신은 나가 있어."

내가 떠밀려 밖으로 나오자마자 그는 또다시 문을 잠갔다.

나와 간병을 돕는 도우미는 마치 못된 짓 하는 사람들처럼 화장실 문에 귀를 바짝 대고 안의 소리를 엿듣기 시작했다. 잠시 후 그가 볼일을 보고 물을 내리는 소리가 들렸다. 그리고 또 한참 후에 마침내 욕조 안으로 들어가는 소리가 들려왔다. 그가 천천히 욕조에 앉으며 첨벙첨벙 물소리를 낸 뒤에야 우리는 안도의 한숨을 내쉬었다. 손목시계를 확인하며 10분 후 그를 불러야겠다고 생각했다.

언제 끝날지 모르는 이 목욕 전쟁을 저녁 식사 후에 시작하려니 엄두가 나지 않는다. 그래서 되도록 오후 4시쯤 욕조에 따뜻한 물을 채우고 저녁 식사 시간인 6시 이전에 모든 일을 끝내려고 노력했다. 처음에는 해가 지기 전까지 좀처럼 씻으려 하지 않던 푸보도 겨울이 되면서 해가 점점 짧아지자 딱히 개의치 않는 것 같았다.

문제는 목욕을 한다고 해서 반드시 머리까지 감는 건 아니란 것이다. 그럴 때면 바가지를 등 뒤에 숨긴 채 다가가, 그가 알아채기 전에 재빨리 물을 떠 무작정 머리 위에 끼얹는 수밖에 없었다. 욕조 안에서 몸부림치는 그에게 나는 어떻게든 샴푸를 묻히고 문질러 헹구기까지 마쳤다. 그러는 와중에도 그의 반항은 계속되어서 임무를 완수하고 나면 내 옷의 앞자락도 흠뻑 젖기 일쑤였다. 심지어 머리 위로 물벼락을 맞는 날도 있었다.

병원 정기검진이 있던 날, 나는 의사에게 목욕이 얼마나 고된 일이 되었는지 고충을 토로했다. 그러자 의사는 푸보는 나이도 있고 겨울에는 땀을 비교적 덜 흘리니 이틀에 한 번만 씻겨도 된다고 말했다. 하늘에서 내려온 구원과도 같은 말이었다. 하루 전쟁에 하루 휴전이다. 휴전 날에는 목욕을 안 하는 것만으로도 일과가 훨씬 수월했다. 오후가 되면 나와 도우미는 눈빛만으로도 서로가 무슨 말을 하는지 알 수 있었다. '오늘은 안 씻기는 날이야!'

애석하게도 좋은 날은 그리 오래가지 않았다. 얼마 지나지 않아 푸보는 옷을 벗고 욕조에 들어가는 것조차 거부했다. 심지어 욕조 마개를 손수 뽑아 애써 받아놓은 온수를 그냥 흘려보내기도 했다. 어쩌다 간신히 목욕을 시켜도 머리까지 감는 건 아니었으며 며칠 연속으로 목욕을 안 했다는 것은 곧 머리도 안 감았음을 뜻했다. 하루, 이틀, 사흘, 나흘……. 닷새 동안 기름진 머리를 보고 있자니 심란해서 견딜 수가 없었다.

씻는 건 그렇다 쳐도 어떻게든 속옷은 갈아입혀야 했다. 나는 늘 그보다 일찍 일어나 그가 자기 전 벗어놓은 옷을 새 것으로 바꾸고 입는 순서에 맞추어 놓아두었다. 그 덕분에 속옷을 제외한 다른 옷은 매일 갈아입히는 것이 가능했다. 그런데 속옷은 대체 어떻게 벗긴단 말인가?

결국 나와 도우미는 그가 잠에서 깨어 일어나는 소리가 들리면 함께 침실에 들어갔다. 그런 다음 내가 그의 두 손을 결박하면 도우미가 등 뒤에서 있는 힘껏 팬티를 내린 뒤 쭈그리고 앉아 다리 밑에 걸려 있는 팬티를 벗겼다. 다음 단계인 깨끗한 속옷을 입히는 일은 비교적 수월했다. 그때까지는 푸보도 알몸이라는 감각은 있었는지 얼른 옷을 걸치고 싶어 했기 때문이다.

가끔 목욕과 머리 감기까지 마치고 깔끔해진 푸보가 아주 편안한 표정을 지어 보일 때가 있었다. 심지어 미소를 지으며 이렇게 말하기도 했다.

"개운하다!"

안타깝게도 지금의 푸보는 목욕 후의 개운함은 잊은 지 오래다. 푸보를 씻기는 일은 여전히 무엇보다 힘들다.

나에겐 더 이상 방법이 없었다. 그저 매일 오후 욕조에 물을 받아놓고 푸보가 목욕할 마음이 들길 기도하는 수밖에. 이런 내 고민을 들은 마음씨 좋은 이웃이 온천 마을로 유명한 우라이°에 그를 데려가 보라고 조언해 주었다. 푸보만 괜찮다면 시즌권을 사서 며칠에 한 번씩 데려가면 되지 않겠냐고 말이다.

누가 예상이나 했겠는가. 푸보는 이미 온천욕을 어떻게 하는지조차 잊어버린 상태라는 것을. 눈앞에 김이 펄펄 나는 큰 욕조가 있는데 왜 밖에서 몸을 씻고 머리를 감고 들어가야 하는지 이해하지 못하는 눈치였다. 게다가 그는 또다시 옷을 벗지 않으려 버티기 시작했다.

그 순간 나는 번뜩이는 기지로 이렇게 말했다. 내가 손을 접질려 옷을 벗기 힘드니 좀 도와줄 수 없겠냐고 말이다. 그러자 그는 두말없이 곧장 내게 다가와 옷을 벗겨주었다. 그 틈을 타 나 역시 그의 옷을 벗기기 시작했다. 그렇게 한참의 실랑이 끝에 마침내 그를 깨끗이 씻겨 탕에 들여보내는 임무

○ 대만 신베이시에 있는 온천 마을.

를 완수할 수 있었다.

온천에서 돌아온 나는 푸보를 씻기기 위해 꼬불꼬불한 산길을 운전해 우라이까지 가는 건 힘들겠다는 생각이 들었다. 혼자서 푸보를 데리고 가다 도중에 돌발 상황이 생길까 걱정스러웠다. 전략을 바꾸기로 하고, 오후 4시쯤 그에게 이렇게 말했다.

"나 아무래도 허리를 삐끗했나 봐. 목욕하는 것 좀 도와줄래?"

그는 '도와달라'는 내 말을 듣자마자 몸을 벌떡 일으키며 말했다.

"알았어!"

다행이었다. 도움이 필요하다는 말에는 반응하는구나. 화장실에 들어가 그가 내 옷을 벗겨주는 동안 나도 그의 옷을 벗기니 그가 물었다.

"왜 그래?"

"당신도 젖을까 봐 그러지."

일단 그가 내 몸에 물을 묻히고 비누칠을 시작하면, 나는 천천히 샤워기를 손에 들고 그를 최대한 많이 적셨다. 그런 다음 그의 머리에 샴푸를 묻히고 씻기는 것이다. 이 모든 일은 반드시 계획대로, 최대한 짧은 시간 안에 끝내야만 했다.

이렇게 처음으로 '목욕 돕기'로 임무를 성공한 후, 나는 도우미에게 말했다. 앞으로 남편이 씻을 때마다 나도 함께 들어가 씻어야겠다고. 그러니 우리가 화장실에 들어가면 문 앞에서 만반의 준비를 하고 대기하다가 언제든 이 '전쟁'에 참여해 험난한 임무를 완수할 수 있도록 내게 협조해 달라고 말이다. 그렇게 우리 부부는 젊은 그녀에게 알몸을 보여야 했지만 부끄러워할 겨를이 없었다.

'목욕 돕기' 작전이 꽤 잘 먹혀든 덕분에 마침내 골칫거리 하나가 해결됐다는 생각이 들 때쯤, 푸보가 또다시 협조를 거부하고 꿈쩍도 안 하기 시작했다.

내가 아무리 목욕하는 걸 도와달라고 애원해도 그저 "당신이 알아서 씻어" 혹은 "혼자 해"라고 말할 뿐이었다. 어쩌다 화장실까지 꼬드겨 데리고 들어와도 멀찍이 떨어져서 절대로 젖지 않겠다는 의지를 온몸으로 표현했다.

하는 수 없이 나는 도우미와 힘을 합쳐 푸보를 억지로 샤워기 바로 아래까지 끌고 가서 옷도 벗기지 않고 물을 틀어 버렸다. 그가 고래고래 소리를 지르며 저항했다.

"무슨 짓이야!"

양손으로 나를 밀쳐내는 손에도 갈수록 힘이 들어갔다. 일단 이성을 잃은 그가 완력을 사용하면 아무리 나와 도우미가 힘을 합쳐도 상대가 안 되었다. 하지만 옷까지 전부 적셔버리면 본인이 불편해서라도 옷을 갈아입힐 수 있었다. 우리는 전력을 다해 그를 화장실에 가둔 후 씻길 수 있는 만큼만이라도 씻긴다는 마음가짐으로 전쟁과도 같은 목욕을 치렀다.

몇 번쯤 정말 화가 난 그가 나를 향해 주먹을 휘두른 적도 있었다. 그럴 때마다 나는 재빨리 피하면서 도우미에게도 조심하라고 경고했다. 다행히 아무도 맞진 않았지만, 분노한 그의 눈빛과 허공에 멈춰 선 그 주먹은 지금도 뇌리에서 떠나지 않는다. 나는 도우미에게 마음을 단단히 먹어야겠다고 말했다. 그가 또다시 우리를 공격하면 재빨리 피하는 것밖에 별다른 방도가 없으니.

푸보는 요양기관에 들어가서도 초반에는 목욕을 싫어했다고 한다. 씻을 때마다 흥분한 그를 제압하느라 장정 네다섯 명이 달려들었는데도 한참이나 걸렸다니 말이다. 그러니 보호자가 노인뿐인 가정에서는 당해낼 재간이 어디 있겠는가?

이러한 일련의 과정을 거치며 깨달은 게 있다. 목욕처럼 개인위생과 관련된 당연하고도 사소한 일들 하나하나에도 단기 기억 상실 및 인지 능력의 감퇴가 반영된다는 것이다.

매일 밤 세 시간 넘게 씻었던 이유는 자신이 얼마나 오래, 얼마나 많이 씻었는지 기억하지 못하기 때문이었다. 그러다 몇십 년간 반복한 목욕 습관마저 잊은 후부터는 전혀 씻지 않앉다. 처음에는 욕조에 받아놓은 물을 보고 자연스럽게 옷을 벗고 들어갔을 테고, 뜨끈한 물속에 앉아 있다 보니 씻는 방법이 저절로 떠올랐을 것이다. 하지만 나중에는 욕조의 물을 봐도 흘려보낼 줄만 알지 목욕을 연상하진 못했다. 내 목욕을 도와준 것은 내게 도움이 필요하기 때문이었다. 그러다 그마저도 하지 않게 된 것은 아마도 나를 어떻게 도와야 하는지 말해줘도 알아들을 수 없고, 기억도 못 하기 때문이리라.

하루하루 옛 기억은 사라져 가고 새 기억은 머무르지 않는 나날을 보내는 푸보는 얼마나 막연하고 비참했을까? 일말의 자존심 때문인지 그는 모르는 것을 내게 선뜻 물어보려 하지도 않았다.

그러는 동안 가족이자 보호자인 나는 불안과 초조, 막연함, 근심 걱정으로 속이 타들어 갔다.

그즈음 나는 치매 협회에 가입하여 치매 환자 가족을 위한 활동에 몇 번 참가하기도 했다. 그곳에서 나처럼 보호자 역할을 맡은 가족들을 많이 만났다. 전부 여성이었던 우리는 서로의 노고를 함께 이야기했다. 특히 목욕은 많은 가족이 겪고 있는 문제였다. 하지만 그 어느 보호자에게도 만능 비책 같은 건 없었다. 그저 각자의 재간을 최대한 발휘하는 수밖에. 하지만 그 활동마저 내 정신이 무너지면서 몇 번 참여하다 말았다.

  친구들은 좋은 마음으로 그들이 생각하는 가장 간단하고 당장 써먹을 수 있는 여러 방법을 내게 알려주고는 했다. '얘! 이렇게 저렇게 해보면 되잖아?'라면서. 사실 누군가에게 통한 방법이라고 해서 모두에게 통하는 것도 아니며, 모든 시기에 먹히는 것도 아니다. 처음엔 나도 그 방법이 우리에게 안 통하는 이유를 설명하려 애썼다. 나중에는 그런 설명을 하기도 너무 지쳐 그저 입을 다물고 사람 좋은 웃음을 지어 보이며 자리를 피했다. 그것도 안 되면 이렇게 말했다.

  "그이는 괜찮아."

  환자가 있는 집의 가족들은 대부분 이토록 무력하다. 그들은 아무리 힘들어도 말할 수 없고 말하지 않는다.

주방 함락

 매일 저녁, 푸보를 구슬려 약을 먹인 후 침대에 누이고 나면 곧장 잠자리에 들어 최대한 움직이지 않았다. 취침등이 켜진 복도와 화장실을 제외한 나머지 공간은 칠흑 같은 어둠에 잠겼다. 하지만 도우미도 나도 그 어둠 속에서 잠이 들기는커녕 가만히 숨을 죽인 채 두 눈만 끔뻑이고 있었다. 언제 푸보가 자다 말고 나와 주방의 불을 켜고 한바탕 소란을 피울지 모르기 때문이다. 그럴 때면 나는 잠자코 그 소리를 들으며 참고 또 참았다. 한참을 기다려도 그릇이 부딪쳐 달그락대는 소리가 그칠 기미를 보이지 않을 때면 인내심의 한계를 느꼈다. 이 집의 '내 구역'을 침략당한 기분이었다. 서재 방바닥에 이부자리를 깔고 누워 있던 나는 몸을 벌떡 일으켜 주방으로 향했다.

눈앞에 펼쳐진 건 각종 식기와 주방 도구들이 난잡하게 널려 있는 모습이었다. 푸보는 주방 의자를 밟고 올라가 찬장 안에 있는 그릇들을 무작위로 꺼내놓고 있었다.

나는 일단 잘 시간이니 방으로 돌아가라고 좋게 좋게 타일렀다. 그러자 그가 대답했다.

"당신 먼저 자! 난 아직 할 일이 좀 남아서, 이것만 끝내고 들어갈게."

나는 하는 수 없이 서재로 돌아와 유리잔과 도자기 그릇이 부딪치는 소리를 계속 듣고 있어야 했다.

이런 일이 몇 번이나 반복되자 화가 나서 도저히 참기 힘들 때도 있었다.

'그이는 환자니까 내가 참아야지. 하지만 나도 감정이 있는 사람이야. 화가 날 수도 있는 거잖아.'

결국 나는 다시 주방으로 쳐들어갔다. 이번에는 좋게 좋게 타이르기란 불가능했다.

"여기는 내 주방이야! 당신은 요리도 안 하면서 왜 내 그릇을 건드려?"

그러자 그도 화가 나서 대답했다.

"같이 사는 집에 내 주방, 당신 주방이 어디 있어? 나는 이런 거 건드리지도 못해?"

"내가 다 제자리에 정리해 둔 거라고. 당신이 함부로 만지면 내일 아침 식사 준비할 때 찾아 쓰기 힘들잖아!"

이런 식의 촌극은 매일 밤 반복되었다. 해가 저물면 걱정과 긴장이 몰려왔다. 오늘은 또 언제쯤 잘 수 있으려나.

유리잔과 도자기 그릇들이 부딪치며 달그락대는 소리는 아침에도 났다. 이건 나와 도우미가 밤새 푸보가 어지른 그릇들을 제자리로 돌려놓는 소리였다.

푸보는 대체 왜 이러는 걸까? 혼도 내고 타일러도 봤지만 소용없었다. 그를 말릴 방법은 정말 없는 것일까?

주방은 늘 내 공간이었다. 함께 산 지난 40여 년 동안 푸보가 할 줄 아는 주방 일이라고는 물을 끓여 차를 우리거나 커피를 타는 것뿐이었다. 내가 집에 없을 땐 물만두를 삶아 먹거나 전자레인지로 도시락을 데워 먹기도 하는 것 같았지만, 내가 주방에 있으면 할 말이 있을 때를 제외하고는 좀처럼 들어오지도 않았다.

그는 요리에 일말의 관심도 없었다. 익히지 않은 재료를 물에 넣고 끓이는 방법밖에 몰랐다. 나는 그가 코딱지만 한 장학금으로 생활을 유지하느라 외식은 꿈도 못 꾸던 미국 유학 시절에는 대체 어떻게 먹고 살았는지 의심스러웠던 적이 한두 번이 아니었다.

반면 나는 어릴 때부터 주방 일을 좋아했다. 첫째인 탓에 어머니의 잔심부름을 도맡았지만 그게 그리 싫지만은 않았다. 덕분에 각종 주방 일과 허드렛일을 어깨너머로 보고 배울 수 있었다. 미국 유학 시절에도 일단 앞치마를 두르고 칼만 잡으면 만두 빚기부디 고기 조림까지 찌고 볶고 굽고 삶는 모든 요리를 했고 심지어 베이킹까지 못 할 게 없었다.

미국에서 공부를 시작한 스물네 살부터 직장에서 퇴직한 예순여덟 살까지 44년의 세월 동안, 아무리 바빠도 삼시 세 끼를 차리는 데 다른 사람의 손을 빌린 적은 단 한 번도 없었다. 주방은 연구 업무 외에 집 안에 있는 나만의 또 다른 연구실이었고, 그렇기에 언제나 나만의 관리 체계가 있었다. 모든 물건에 자리를 정해두고, 사용 후 깨끗이 씻어 제자리에 놓는 것이다. 또한 컵과 그릇은 반드시 뜨거운 물로 씻어 잘 말린 후 제자리에 놓아야 하며 조리 도구와 냄비, 싱크대도 마찬가지였다. 덕분에 내 주방은 언제나 반짝반짝 윤이 났다. 찌든 때나 냄새는 눈 씻고 찾아봐도 없었고, 식기와 조리 도구는 늘 깔끔하게 정돈되어 있었다. 긴 세월 나 홀로 쓸고 닦은 나만의 주방이 매일 밤 탈탈 털리는 날이 올 줄은 꿈에도 몰랐다.

물론 이해는 한다. 푸보는 행동을 스스로 제어할 수 없는 환자다. 그럼에도 나는 그가 나를 방해하고 무시하고 선을 넘는 행동을 한다고 느끼기도 했다.

푸보를 돌보기 시작한 뒤, 늘 웃는 얼굴과 다정한 말투로 그를 대하며 내 감정 기복을 들키지 않으려 무던히 애썼다. 다정하게 말하는 건 조금도 어렵지 않았다. 우리는 늘 서로를 존중하고 무엇이든 함께 상의하는 부부였으니까. 비난 같은 건 할 일이 없으니 소리 높여 말할 필요도 없었다.

푸보는 내향적인 성격이어서 무슨 일이 생기면 마음속에 담아두느라 얼굴색이 어두워지는 사람이었다. 반면 나와 딸 란란은 의견을 표현하고 해결 방법을 찾아 고민을 해소하는 편이었다. 푸보가 나에게 짜증을 부리거나 화를 내는 일은 드물었다. 하지만 간혹 딸아이와 의견 차이가 생기면 그는 어김없이 입을 닫아버렸다. 그럼 란란은 내게 "아빠 또 삐쳤어!"라고 투덜댔고, 우리 모녀는 고개를 절레절레 저으며 웃었다. 그럴 땐 푸보가 알아서 감정을 풀 때까지 잠자코 기다려주는 수밖에 없었다.

상상조차 할 수 없었다, 푸보가 매일 밤 주방에 들어가서 의자를 밟고 올라가 눈에 보이고 손에 잡히는 물건을 모두 꺼내 어지럽히는 날이 오리라고는. 그리고 그렇게 나만의 주방이 매일 밤 함락되어 엉망이 되리라는 것도.

　시간이 흐르자 내 인내심도 점점 바닥을 보였다. 이제 유리잔이 살짝 부딪치는 소리만 들려도 화가 치밀어 올랐다. 그럴 때마다 나는 아픈 사람과 똑같이 굴면 안 된다고 다짐하며 스스로에게 끊임없이 되뇌었다.
　"화내지 마, 화내면 안 돼."
　푸보를 오랜 시간 간병하며 축적된 피로에 매일 밤 스트레스로 인한 수면 부족까지 더해져 내 불면증은 심각해졌다. 주방 함락 사건 때문에 불면증이 시작되었다고 할 순 없지만, 매일 밤 주방에서 들리는 소음으로 내가 갈수록 신경질적으로 변한다는 것은 확실했다. 일단 자고 아침에 일어나 수습하려고 해도 자리에 누워 뒤척이는 사이 잠은 점점 더 멀리 달아났다. 내가 타이르거나 혹은 화를 내서 침실로 돌려보낸 푸보가 드릉드릉 코를 골며 잠이 들어도, 정작 나는 잠에 들지 못했다.
　밤마다 머릿속에 격렬한 논쟁이 펼쳐졌다. 나도 당연히 화가 날 수 있지, 하지만 너무 심각해서는 안 돼. 나도 감정을 발산할 수 있어, 하지만 너무 자주는 안 돼. 나도 그에게 짜증 부려도 돼, 하지만 진심으로 싸움을 걸지 않도록 해. 나도 그에게 큰 소리를 낼 수 있지만 너무 오래 끌지는 마……. 그렇게 나는 매일 밤 '이건 되지만 저건 안 돼'의 늪에 빠져 점점 갈피를 잡을 수 없게 되었다.

나는 푸보와 의사소통이 되지 않은 후에야 비로소 말이 통하지 않는 무력감을 알 수 있었다. 단순히 귀 닫고 내 말을 안 듣는 정도가 아니었다. 정보 습득 능력 자체가 퇴화한 그는 아주 짧은 문장에만 반응을 보였다.

만약 내가 "당신 왜 또 주방을 어지럽혔어? 온갖 잡동사니들을 죄다 꺼내놨잖아. 이러면 내가 필요한 물건을 찾을 수 없어. 아침마다 주방 정리를 하면 밥은 언제 해서 먹겠어"라고 말해도, 그는 내가 왜 자신에게 끊임없이 불평불만을 늘어놓는지 이해하지 못했다. 그렇다고 해서 그가 나에게 주방을 어지럽힌 이유를 설명할 수 있는 것도 아니었다. 그러니 그저 멍하니 나를 보며 이렇게 말할 수밖에 없는 것이다.

"왜 화를 내?"

그렇다. 내가 하는 말을 알아들을 수 없는 사람에게는 무슨 말을 해도 의미가 없었다. 우리 사이의 교류는 그렇게 단절되었다. 이제는 그에게 말을 걸 수도 없고 그가 무슨 생각을 하며 왜 그런지 알 수도 없다. 그 역시 무슨 일이 일어나고 있는지 내게 들려줄 방법이 없다. 나는 잠자리에 누워 막막함에 눈물만 뚝뚝 흘렸다.

하지만 내가 진짜 모르고 있었던 것은, 주방의 함락은 앞으로 펼쳐질 고난의 시작에 불과하다는 사실이었다.

화장실 대참사

매일 밤 주방을 점령하던 푸보가 새 목표를 발견했다. 바로 화장실이다. 그 안에서 가장 오래 집착한 물건은 휴지였다.

푸보는 한동안 휴지에 편집증에 가까운 관심을 보였다. 그는 외출 전 반드시 휴지를 충분히 챙겼는지 확인했다.

확인 방법은 외투와 바지의 모든 주머니 안에 휴지를 쑤셔 넣는 것이었다. 작게 포장된 휴대용 휴지, 집에서 쓰는 갑 휴지 할 것 없었다. 그 안에 든 휴지를 굳이 한 장 한 장 뽑아 차곡차곡 정리한 다음 주머니에 단정히 집어넣었다. 나는 빨랫

감을 세탁기에 넣기 전 반드시 주머니를 뒤집어 남은 화장지가 없는지 꼼꼼히 확인해야 했다. 그러지 않으면 빨래 후 옷감에 휴지 조각이 잔뜩 들러붙어 나오는 대참사가 일어날 테니.

시간이 지나자 주머니뿐만 아니라 외출 시 들고 나가는 크로스백 안에도 휴지를 집어넣기 시작했다. 심지어 양이 더 많아졌다. 옷의 주머니란 주머니는 모두 휴지로 볼록 튀어나왔으며 가방의 모든 속주머니까지 휴지가 들어차 있었다.

휴대용 휴지에서 시작된 그 습관은 식당 냅킨, 주방 키친타월 그리고 화장실 휴지까지 점점 확장되었다. 특히 바깥에서 커피를 마시거나 식사할 때 냅킨만 보면 깨끗한 것이든 이미 사용해서 더러워진 것이든 상관없이 모두 반듯하게 접은 뒤 옷 주머니와 가방에 챙겼다. 주방 키친타월과 화장실 휴지는 눈 깜짝할 새 동이 났다.

그의 상, 하의 주머니와 크로스백은 휴지로 가득 차 아무것도 넣을 수 없게 되었다. 그러자 이번에는 책상의 모든 서랍, 캐비닛에 꽂힌 파일철 사이사이 빈틈에 휴지를 채워 넣기 시작했다. 심지어 내게 캐비닛 열쇠를 달라고 하더니 매우 조심스럽게 캐비닛 문을 잠그는 것이었다. 그러고는 집 현관 열쇠, 자동차 키와 함께 캐비닛 열쇠를 열쇠 지갑에 보관했다. 그뿐만 아니라 외출할 때만 가지고 다니던 크로스백을 몸에서 내려놓지 않기 시작했다. 화장실 갈 때는 물론 자기 전에도 가방을 머리맡에 두고 지켰다.

이쯤 되니 작전을 세울 수밖에 없었다. 그가 씻으러 들어가면 곧장 작은 서재의 모든 서랍을 열고 서랍 뒤쪽에 쌓인 휴지를 깨끗이 치웠다. 한번 사용한 것들은 버리고 서랍 앞쪽에만 일정 분량의 새 휴지를 남겨두는 것이다.

밤이 오면 나는 그가 깊이 잠들었는지 확인하기 위해 살금살금 화장실로 향했다. 일단 볼일을 본 다음 변기 뚜껑을 닫고 손부터 씻는다. 그러고 나서 화장실 문을 연 채 변기 물을 내린다. 그때까지 푸보가 꿈쩍하지 않는다면 깊이 잠들어 있는 것이다. 그 뒤 조심스럽게 그의 머리맡으로 다가가 가방을 정리했다. 휴지를 적당히 정리해 두지 않으면 병원 진료를 보러 갈 때 보험증, 신분증, 교통카드 등을 바로바로 꺼낼 수 없다.

휴지에 이어 집에 있는 화장실 두 곳도 연이어 함락되었다.

먼저 안방 화장실에서는 주방에서 그랬던 것처럼 눈에 보이는 물건들을 온통 어질렀다. 아침에 일어나 세수하려고 보면 칫솔, 양치 컵, 비누는 물론 수건, 핸드 타월까지 제자리에 얌전히 있는 것이 하나 없었다. 거기에 스킨이나 로션, 선크림과 같은 내 개인적인 물건들도 어디로 갔는지 보이지 않았다.

손을 뻗으면 닿는 곳에 있던 내 개인적 물건들이 내 의지와 상관없이 사라졌다. 입술이 부들부들 떨릴 정도로 화가 치밀어 올랐다. 이런 내 모습에 놀랐지만, 한편으로 이 상황을 확실히 알아차렸다. 주방 사건에 이어 또다시 그가 선을 넘었다는 것을.

나는 물건들이 전부 제자리를 잃은 이런 상황이 정말 싫었다. 필요한 게 있으면 그게 무엇이든 한참을 찾아 헤매야 했다. 또다시 침범당한 기분이었다. 하지만 내가 할 수 있는 일이라고는 거울 앞에 가만히 서서 이렇게 되뇌는 것뿐이었다.

"심호흡하자, 심호흡. 절대로 흥분하면 안 돼. 그이는 환자잖아. 일부러 그런 것도 아니고, 일부러 그럴 수도 없는 상태야. 침착해야 해. 침착해."

그러는 동안에도 내 의지와 무관하게 눈물이 흘러내렸다. 이 집에는 나만의 공간이나 사생활 따위는 조금도 존재하지 않았다. 나는 사적인 일상을 모두 포기해야 했고 생활 루틴과 그나마 남아 있던 아주 약간의 프라이버시마저 내던져 버려야 했다. 저기 안방에는 내 화장대가 있고, 서랍장과 협탁 안에는 내가 정리한 속옷과 양말이 들어 있다. 만약 이마저 없어지면 나는 앞으로 어떻게 살아가야 한단 말인가?

이다음에는 내 서재까지 내주게 될까? 내 책상 위에 있는 문구, 노트북과 프린터, 라디오 그리고 책장에 꽂힌 책과 서류, 서랍과 캐비닛……. 36년의 직장 생활 동안 나 말고는 아무도 건드린 적 없는 작업 공간이다. 설마 이 집에서 내 책상 하나도 지킬 수 없단 말인가? 그럴 순 없다! 나는 그 즉시 작은 서재를 잠그고, 내 집 방문을 열었다 잠갔다 하며 살기에 돌입했다.

화장실 함락 사건으로 새삼 깨달았다. 나는 푸보에게 따지고 들 수도, 그가 바뀌길 기대할 수도 없다. 내가 할 수 있는 건 그저 뒷수습뿐이었다. 매일, 매 순간 수습하고 또 수습하는 수밖에 없었다. 그렇게 한바탕 뒷수습을 마치고 나면, 그다음 뒷수습을 준비할 뿐이었다.

좀처럼 우는 법이 없던 내가 눈물을 보이자, 나를 찾으러 화장실에 온 푸보가 깜짝 놀라 무슨 일이냐고 물었다. 나는 말해봤자 아무 소용 없다는 걸 알면서도 엉엉 울며 그에게 따져 물었다.

"왜 내 물건을 함부로 건드려?"

그러자 그가 황당하다는 듯 대답했다.

"당신 물건이라니?"

내가 엉뚱한 곳에 있는 화장품 병을 가리키자, 그가 김이 샌 표정으로 말했다.

"무슨 소리야? 저거 당신 거 아니야. 다른 사람이 놔두고 간 거지."

나는 속으로 한숨이 나왔지만 아무리 말해도 소용없다는 것 또한 알고 있었다. 화장실 문까지 잠그고 살 순 없지 않은가.

그의 다음 목표는 수건이었다.

안방 화장실에는 우리 부부가 얼굴과 손을 닦을 때 쓰는 수건이 있었는데, 모양은 같지만 색깔로 푸보의 것과 내 것을 구분했다. 분홍색, 연보라색, 체리색, 자주색 등과 같이 붉은 계열의 색상은 내 수건이었고 하늘색, 남색, 옅은 회색, 짙은 회색과 같은 어두운 계열의 색상은 푸보 것이었다. 이 수건들은 오랜 시간 정해진 자리에서 평안하게 지내왔다. 동네의 습한 날씨 때문에 나는 수건을 이틀에 한 번 교체하고 제습기를 틀어 화장실과 수건을 보송보송하게 유지했다.

언제부터인가 수건이 제자리를 벗어났다. 심지어 사용한 적이 없는데도 내 수건이 항상 젖어 있었다. 즉, 나 아닌 다른 사람도 쓰고 있다는 뜻이었다.

나는 일단 푸보가 자기 수건을 구분할 수 있는지 물어보았다. 그는 대수롭지 않게 대답했다.

"당신 거라니? 다 내 거야."

깜짝 놀랐다. 푸보는 그런 공격적인 말투를 좀처럼 사용하지 않았으니까. 하지만 자존심 강한 그에게 나도 같이 버럭 화를 낼 순 없었다. 나는 안 통할 걸 뻔히 알면서도 다시 한번 설명했다.

"잘 봐봐. 이 연보라색은 내 거고, 남색 수건이 당신 거잖아."

그러자 그는 들은 척도 안 하고 밖으로 나가버렸다.

나는 수건을 같이 쓰는 게 정말 싫었다. 심지어 누가 써서 축축해진 수건이라면 재빨리 새것으로 바꾸지 않고서는 못 배겼다. 하지만 언제까지 그렇게 매번 교체해야 할까? 화장실에 들어갈 때마다 새 수건을 써야 할까? 그럼 온종일 수건만 바꾸다 하루가 다 갈 텐데.

얼굴 수건뿐만 아니라 큰 목욕 수건도 예외는 아니었다. 나는 이놈의 '수건의 난' 때문에 화병이 날 지경이었다.

푸보는 우리 부부가 안방 화장실을 쓰고, 도우미나 손님들은 밖에 있는 비교적 작은 화장실을 사용하기로 한 암묵적인 규칙마저 잊어버린 듯했다. 그는 내키는 대로 두 곳을 번갈아 사용했다. 그때부터 집 안에 있는 수건은 그 어느 것도 안전하지 못했다. 주방에서 쓰는 핸드 타월과 그릇의 물기를 닦을 때 쓰는 크고 작은 행주들마저 그의 수건에 포함되었다. 그러나 이것보다 더 심각한 문제가 있었으니, 바로 그가 화장실 문을 열어놓고 볼일을 보기 시작했다는 것이었다. 도우미가 젊은 나이었기에 그녀가 너무 놀라지 않도록 서둘러

언질을 주었다.

그러던 어느 날 도우미가 충격적인 소식을 전했다. 푸보가 작은 화장실에서 수건으로 뒤처리를 하더라는 것이었다. 볼일을 보고 난 뒤 휴지를 쓴다는 사실마저 잊은 게 분명했다. 물론 그 수건은 바로 쓰레기통으로 직행했지만, 나와 도우미의 고초가 해결된 건 아니었다. 수건을 자주 바꾸는 것 정도로 끝날 문제도 아니고, 수건을 계속 버릴 수도 없는 노릇이었다. 그렇다고 휴지로 닦는 법을 가르쳐줬다가 다 쓴 휴지를 버릇처럼 사방에 쟁이기라도 한다면…… 앞날은 상상도 할 수 없었다.

푸보가 낮에 문을 잠그고 화장실에 머무르는 시간이 점점 길어졌다. 걱정스러운 마음에 발만 동동 구르다 결국 또다시 인내심이 한계에 다다랐다.

여느 때와 다름없이 그가 작은 화장실에서 두문불출하던 어느 날, 나와 도우미는 결국 안에서 무슨 일이 일어나고 있는지 알아내기로 했다.

도우미는 어디선가 동전을 가지고 와 살금살금 작은 욕실로 다가가더니, 열쇠 구멍에 동전을 넣고 돌려 문을 땄다. 안을 들여다보니 푸보는 타일 바닥에 앉아 세면대 아래 수납장의 문을 활짝 열어놓고 있었다. 바닥에는 갈가리 찢은 휴지

조각부터 수납장에 정리해 둔 여분의 칫솔, 치약, 비누, 휴대용 휴지, 물티슈, 구급상자, 근육통용 스프레이와 패치, 연고까지 발 디딜 틈 없이 널려 있었다. 그뿐만이 아니었다. 우리가 가장 놀란 것은 그가 사방에 짜놓은 치약이었다. 우리가 들이닥친 그 순간에도 푸보는 새로 뜯은 치약을 손에 들고 계속 짜던 중이었다. 바닥에 널린 물건들 사이로 이미 납작해진 치약 튜브들이 이리저리 뒹굴고 있었다.

어떻게든 푸보가 자발적으로 이곳에서 나가도록 해야 했다. 몸을 웅크리고 앉아 상냥하게 타이르기 시작했다.

"자, 점심 먹어야지."

하지만 그는 꿈쩍도 하지 않았다.

나는 계속해서 말했다.

"여보, 우리 커피 마시러 가자."

그는 여전히 반응이 없었다.

"그럼 영화 볼까?"

그는 고개를 들더니 내게 나가라는 듯 손을 휘저으며 말했다.

"나 지금 바빠."

모든 시도가 전부 실패로 끝나자, 나는 하는 수 없이 비장의 카드를 꺼냈다.

"산책하러 갈까?"

그제야 푸보는 고개를 들며 말했다.

"그래, 좋아."

사실 난 산책이 썩 내키지 않았다. 푸보가 한번 나가면 잘 안 들어오려 하고, 집 앞까지 와서는 산책한 걸 잊어버리고 다시 나가자고 하기 때문이다.

내가 원하는 모습으로 화장실에서 푸보를 설득해 데리고 나오는 데는 늘 실패했다. 대부분 마지막에는 제 풀에 지친 푸보가 벽이나 변기에 기대 잠이 들었다. 나는 혹시 실수로라도 그를 깨우지 않도록 조심하며 화장실을 청소했다. 깨어난 그의 눈앞에 이 난장판이 더 이상 보이지 않으면 자신이 뭘 하고 있었는지 잊어버릴 수 있지 않을까 바라면서. 하지만 겨울에는 타일 바닥이 차가워서 감기에 들까 걱정되기도 했다. 우리의 하루하루는 그렇게 지나고 있었다.

새로운 증상을 맞닥뜨릴 때마다 도우미는 답을 구하는 눈빛으로 나를 바라봤다. 나는 반드시 해답을 주는 사람이어야만 했다.

"심호흡하고 방법을 생각해 내자. 집중해, 집중."

새로운 증상이 발현될 때마다 스스로 이렇게 다짐하는 횟수가 더욱 늘었다. 인터넷을 아무리 뒤져도 뾰족한 수를 찾을 수 없으니 직접 해결하는 수밖에 없었다. 설령 오늘 운이 좋게 딱 맞는 방법을 찾아도 그 방법이 내일까지 먹히리란 보장이 없었다.

일상은 수시로 일어나는 돌발 상황과 그에 맞춰 해결 방안을 쥐어짜는 나날들로 점철되었다. 끝없이 일어나는 사건들에 속절없이 당하는 동안 무기력과 불안이 더 심해졌고, 날이 갈수록 정신을 차리기가 어려웠다. 그저 하루하루 마지못해 버티고 있을 뿐이었다.

나는 매일 밤 잠자리에 누워 내일이 평탄하고 순조로운 하루가 될지, 아니면 또 사건 사고로 가득한 하루가 될지 가늠하지 않으려 최대한 애썼다.

눈을 감아도 잠들지 못하는 밤이 길어졌다. 까무룩 잠이 들려는 찰나, 갑자기 온몸에 열이 나고 창자가 꼬이듯 아팠다. 그렇게 당장 변기로 달려가야 하는 상황이 하루에도 예닐곱 번이나 반복되었다.

과민대장증후군은 약을 먹어도 소용이 없었다. 낮에는 머리가 깨질 듯 아팠고, 밤에는 화장실을 들락날락하느라 잠을 잘 수 없었다. 그러다 보니 정신 상태도 좋지 않아 시도 때도 없이 피곤하고 미간과 두 눈이 찌르는 듯 아팠다. 어느새 온종일 미간만 짚고 있었다. 더 이상 제정신으로 아무것도 할 수 없었다.

매일 스스로에게 말했다.

"아프지 마, 절대로 아프면 안 돼."

그때는 전혀 알지 못했다. 내가 이미 아프고 게다가 점점 심각해지고 있다는 사실을.

불면의 밤

날이 밝았다. 오늘도 뜬눈으로 밤을 지새웠다. 잠이 들 만하면 계속 깼다. 창밖 소리, 문밖 인기척이 전부 바로 옆에서 들리는 듯 선명했다. 과민대장증후군은 이미 습관성이 되어 매일 밤 화장실만 예닐곱 번은 왔다 갔다 했다. 게다가 푸보에게 돌발 상황이 생기면 언제든 달려 나가야 하니 항상 귀를 열어두고 있어야 했다.

이런 밤이 매일 반복되었다. 날이 밝을 때까지 깨지 않고 자는 게 어떤 느낌인지 잊은 지 오래였다.

원래 내 성격은 절대 이렇지 않았다. 살면서 불면증 따위로 골머리를 앓은 적이 단 한 번도 없었다. 젊었을 때는 불을 끄고 침대에 누우면 베개에 머리가 닿자마자 곯아떨어졌다. 대학원에 진학해 걸핏하면 밤새워 공부하던 시절에는 더 말할 것도 없었다. 그땐 1분이라도 더 못 자서 안달이었으니까.

신혼 때 이런 나의 수면 습관을 푸보가 얼마나 놀려댔는지 모른다. 요조숙녀인 줄 알았는데 불만 끄면 쿨쿨 잠이 든다고, 밤새 수다 떨고 싶은 자기 마음도 몰라준다나.

학계에 진입한 후로는 조금의 게으름도 용납되지 않았다. 낮에는 연구실에서 머리를 쓰고 퇴근 후 집에서는 몸과 머리를 총동원해 육아와 집안일을 전부 해내야 했으니까. 매일 밤 피곤에 찌든 몸을 누이면 순식간에 잠이 쏟아졌다. 뒤척이는 시간마저 사치였다. 일과 가사를 순조롭게 병행한 나의 체력은 이렇게 푹 잘 잔 덕분에 생긴 것일지도 모른다.

그러나 퇴직 후 온종일 푸보를 보살피고부터는 아무리 피곤해도 잠이 오지 않았다.

저녁 9시가 되면 푸보는 화장실에 들어가 세 시간쯤 나오지 않았다. 나는 화장실에서 들리는 물소리 때문에 침대 위에서 몸을 뒤척이며 좀처럼 잠들지 못했다. 그러다 결국 벌떡 일어나 화장실로 가서 얼른 자라고 잔소리를 했다.

달래도 봤고 싸워도 봤다. 결국 억지로 끌고 나오는 것으로 끝나는 한바탕 소란 끝에 그를 다시 안방에 눕히고 나면 한두 시간쯤은 훌쩍 지나 있었다. 그렇게 우리 둘 다 침대에 누우면 시간은 벌써 새벽 2시! 그는 금세 코를 골며 잠에 빠졌지만, 지칠 대로 지친 나는 오히려 잠이 싹 다 달아나 또다시 뜬눈으로 아침을 맞아야만 했다.

새벽까지 소란을 피울지언정 둘이 나란히 침대에 누워 불을 끄는 날도 그리 오래가지 않았다. 내가 잠들기 전에 먼저 일어난 그가 피곤한 기색 하나 없이 주방 불을 켜고 그릇을 옮기기 시작한 것이다. 그릇 부딪치는 소리가 밤새 그치지 않았다. 그가 또 무슨 일을 벌일지 모르니 맘 놓고 잠들 수가 없었다. 하는 수 없이 주방으로 가서 또다시 그를 달래야만 했다. 이 소동은 우리 둘 다 폭발하기 직전이 되어서야 겨우 끝이 났다.

병세가 악화되면서 그는 한밤중에 일어나도 시간을 판별하지 못했다. 침대 옆에 있는 시계는 거들떠보지도 않았고 동작도 더 이상 조심스럽지 않았다. 그저 '탁' 하고 불을 켠 후 무작정 나를 흔들어 깨웠다. 그럼 나는 눈을 찌르는 불빛을 두 손으로 막으며 일어나지 않으려고 애썼다. 그런 나를 푸보가 흔들어 깨우며 말했다.

"늦었어, 얼른 일어나. 산책하러 가자!"

한밤중에 산책이 웬 말인가? 그렇게 또다시 긴 설득과 싸움이 시작되고 한참을 실랑이해야 겨우 그를 다시 침대로 데려올 수 있었다.

밤잠이 부족해진 나는 낮에 연신 하품을 해댔다. 결국 푸보가 밤새 샤워를 하든 그릇을 만지든, 밖에 나가지만 않으면 말리지 말자고 생각했다.

나는 안방 이부자리를 내 작은 서재로 옮겼고, 도우미에게는 현관문 앞에 가로누워서 자달라고 부탁했다. 그럼 푸보가 아무리 밖에 나가고 싶어도 그녀의 몸을 넘어가긴 쉽지 않을 테니까.

내 자리가 안방에서 사라졌는데도 푸보는 내게 무슨 일이냐고 묻지 않았다. 아니, 내가 나간 줄도 모르는 것 같았다.

서운한 마음이 드는 건 어쩔 수 없었다. 같은 방에서 보낸 세월이 40년이 넘는데 조금도 기억하지 못하는 걸까? 싱글침대 두 개 중 한 자리가 텅 비었는데 정말 아무렇지도 않는 걸까? 하지만 우리 둘 다 잠을 푹 잘 수만 있다면 이런 것쯤은 그냥 넘어갈 수 있다.

하지만 이런 식의 안심이 내게 숙면을 가져다주지는 못했다. 푸보가 한밤중에 혼자 나갈까 봐 계속 마음 졸이며 그의 인기척에 귀를 기울였다. 화장실로 가는 발소리가 들리면 즉각 신경이 곤두서서는 변기 물 내리는 소리만 기다렸다. 그릇이 달그락거리는 소리가 나면 제 풀에 지친 그가 집 밖이 아닌 안방으로 돌아가 잠들 때까지 긴장하고 있어야 했다. 어쩌다 그가 현관문 앞을 가로막고 자는 도우미의 몸을 건너 문을 열고 나가려 하면, 도우미는 즉각 일어나 온 집 안의 불을 켜고 나를 불렀다.

시간이 지나자 푸보는 더 이상 화장실에 세 시간씩 있지도, 주방에서 그릇을 건들지도 않았다. 대신 한밤중에 일어나 옷을 단정히 차려입은 후 가방과 모자까지 야무지게 걸치고 내가 있는 서재로 와 불을 켰다. 그는 내가 바닥에서 자는 모습을 봐도 아무렇지 않은 듯 쪼그리고 앉아 날 흔들어 깨우며 산책하러 가자고 졸랐다.

나는 지금까지 그래왔듯 커튼 너머 어두컴컴한 창밖을 가리키며 그를 달랠 수밖에 없었다. 그러는 동안 문 앞에서 자고 있던 도우미도 잠에서 깼다. 나는 그녀에게 일어나지 말고 인기척도 내지 말라고 당부했다. 내가 푸보를 다시 안방에 데리고 들어갈 때까지.

그러다 며칠 후 계속 이렇게는 못 살겠다는 생각이 들었다. 나는 도우미와 상의 후 푸보가 서재에 들어오지 못하게 문을 잠그고 자기로 했다. 문이 열리지 않으면 그가 포기하고 다시 안방으로 돌아가는지 확인해 보고 싶었다.

처음 문을 잠그고 잔 날, 푸보는 한밤중에 서재의 문을 열려고 한참을 동동거렸다. 나는 바닥에 누워 그가 몇 번이고 손잡이를 돌리는 소리를 들으면서도 대꾸 한마디 못 한 채 괴로움에 눈물만 줄줄 흘렸다. 그 어떤 말도 통하지 않음을 알기에 그저 알아서 포기해 주기를, 제풀에 지쳐 돌아가 잠들기만을 바랄 수밖에 없었다.

아무리 해도 문이 열리지 않자, 푸보는 어느 날은 안방으로 돌아가고, 어느 날은 주방을 지나 불을 켠 뒤 베란다의 문을 열고 나가기도 했다. 그런 날은 마침내 깊은 밤의 적막을 마주한 듯 다시 안방으로 돌아가 불을 끄고 외출복 차림 그대로 날이 밝을 때까지 누워 있었다.

나는 가만히 누워 그 모든 소리를 쫓았다. 그의 행동 하나하나가 눈에 선했다. 잠드는 건 역시 불가능했다. 어쩌다 잠이 들어도 바람 부는 소리, 빗방울 떨어지는 소리 따위에 소스라치게 놀라 깨곤 했다. 사람이 겁을 먹으면 바람 소리나 새소리는 귀신 곡소리로 들리고, 나뭇가지는 귀신 그림자처럼 보인다더니, 이런 것을 두고 하는 말일까?

바닥에 누워 생활한 지 1년이 넘었다. 오랜 시간 수면 부족 상태인 건 차치하더라도 허리 통증이 심해지고 있었다.

내 상태를 전해 들은 친구 하나가 전화로 조언을 해주었다.

"우리 나이에 그렇게 오래 바닥 생활하는 게 얼마나 안 좋은 줄 아니? 원래 쓰던 네 싱글 침대만이라도 서재로 옮겨 오지 그래?"

내가 서재가 협소해 침대 놓을 공간이 부족하다고 말하자 친구가 대답했다.

"그럼 작은 걸로 하나 사면 어떨까. 수면이 얼마나 중요한데. 매트리스만이라도 좋은 걸로 사. 절대 바닥에서 자지 마."

친구의 진심 어린 조언을 듣고 감동받은 나는 당장 기사를 불러 치수를 재고 싱글 침대를 주문 제작했다. 새 침대는 작은 서재의 벽 쪽에 놓았다. 덕분에 최소한 바닥 생활만큼은 벗어날 수 있었다.

하지만 밤마다 깜짝 놀라 잠에서 깨는 일은 몇 번이고 반복되었다. 숙면은 여전히 멀고 먼 일이었다. 매일 밤, 커튼 틈으로 비추는 길고 어두운 밤을 하염없이 바라보다 보면 어느새 희끄무레한 하늘에 환한 아침 햇살이 드리워 눈이 부셨다.

날이 밝으면 온몸에 아프지 않은 곳이 없었다. 머리는 깨질 듯하고, 곳곳이 욱신거리는 데다 두 눈과 미간까지 쿡쿡 쑤셨다. 서 있든 앉아 있든 불편하긴 매한가지였다. 굳이 거울을 보지 않아도 안색이 좋지 않음이 느껴졌다. 잔뜩 찌푸린 미간에 깊이 파인 세로 주름, 피곤에 찌든 눈빛, 굽은 등허리가 안 봐도 훤했다.

  그 상태로 오전을 버티다 점심을 먹고 나면 쏟아지는 졸음에 눈을 뜨고 있기조차 힘들었다. 그렇다고 낮잠을 잘 수는 없었다. 내가 깊이 잠든 틈에 도우미 혼자 처리 못 할 큰일이 생길까 걱정됐기 때문이다. 게다가 나는 젊었을 때도 낮잠을 그리 좋아하지 않았다. 낮에 자버리면 밤에 잠들기가 더 힘들 것 같았다.

  그렇게 나는 자고 싶을 땐 잘 수 없고, 자야 할 땐 잠이 오지 않는 악순환에 빠졌다.

  언제부터 밤에 잘 자는 것이 욕심이 된 걸까? 머리만 닿으면 잠들던 날들이 너무도 그리웠다. 충분히 자고 여유롭게 일어나 기지개 켜며 상쾌한 기분으로 하루를 맞이하는 그런 날이 언제쯤 올까?

2장

하루를 버티는 법
_____

여행

나와 푸보가 약속 시간인 7시 30분에 딱 맞춰 난강 기차역에 도착했을 때, 평화롭기 그지없는 우리의 겉모습을 보고 알아챈 사람은 아무도 없었을 것이다. 우리가 하마터면 제때 도착하지 못할 뻔했다는 사실을.

우리 집에서 난강 기차역까지는 고작 수백 미터 거리로, 걸어가도 10분밖에 걸리지 않는다. 그러니 만나기로 한 시간이 몇 시든 가장 여유롭게 도착해야 마땅한 사람이 바로 우리 부부였다. 하지만 당시는 푸보가 멀쩡했다가도 갑자기 안 좋아지기도 하는 시기여서 그를 깨워 밥과 약을 챙겨 먹이고 집을 나서려면 충분한 여유 시간을 가지고 준비해야 했다.

나는 새벽 4시 30분에 살금살금 일어나 씻고 외출 준비를 마친 후 아침 식사까지 다 차린 뒤 안방으로 들어가 그를 흔들어 깨웠다. 평소에는 7시 30분에 스스로 일어나는데 5시 무렵부터 억지로 깨워서인지 그의 얼굴에 졸음이 가득했다. 그는 자꾸만 감기는 눈에 애써 힘을 주며 미심쩍은 눈빛으로 나를 흘겨보다가, 다시 외면하며 눈을 감았다. 나는 각오를 단단히 다지고 다시 한번 그를 흔들어 깨웠다.

"여보, 여행 가야지."

그는 여행을 가장 좋아했다. 예전에는 여행이라는 두 글자만 들어도 벌떡 일어났는데, 이제는 그 말에도 좀처럼 정신을 차리지 못했다.

계속되는 나의 잔소리에 기분이 상했는지 내 손을 밀어내며 눈을 감고 버티기 시작했다. 그러는 와중에도 시간은 일분일초 계속 흘렀다. 그러다 돌연 눈을 번쩍 뜨더니 마침내 이해한 듯 천천히 일어나 앉았다.

다음 단계는 '씻기'였다. 양치질과 세수, 면도까지 거들어야 했지만, 이 정도는 문제도 아니었다. 그렇게 해서라도 그가 따라준다면. 안 하려고 버티는 게 가장 힘들었다.

평범한 사람이라면 별일도 아닐 그 사소한 준비 과정을 어렵사리 마치면, 다음 단계는 '옷 입기'. 그날 입을 옷은 내가 전날 밤 순서대로 놓아둔 상태였다. 그러나 푸보는 이미 옷 입는 순서마저 잊어가고 있었다. 티셔츠 앞쪽이 어디인지 구분하지 못했고, 머리부터 넣어서 입어야 하는 것도 잘 몰랐다. 어렵사리 상의를 다 입고 나면 다음은 바지를 입힐 차례였다. 일단 그의 두 발을 들어 바지 안에 걸쳐놓고 그가 허리춤까지 스스로 올릴 수 있게 도와주는 것이다.

이 모든 과정은 하나부터 열까지 그의 동의 없이는 조금도 진행할 수 없었다. 도중에 갑자기 이상한 고집을 부리며 자기 마음대로 하는 일도 비일비재했다. 그래서 절대 혼자 입게 두지 않고, 제대로 입고 있는지 내가 옆에서 꼼꼼히 확인해야 했다. 잘못 입었더라도 한번 입은 옷은 절대 벗지 않으려 했기 때문이다. 이런 연유로 상의는 반드시 단추가 많지 않은 풀오버 셔츠 혹은 라운드넥 운동복이어야만 했고, 바지 역시 허리띠를 맬 필요 없는 고무줄 바지만 입었다.

그렇게 옷을 다 입히고 나면, 나는 온몸에 땀이 날 정도로 열이 올랐다.

마침내 맞이하는 아침 식사 시간. 그를 식탁 앞에 앉히고 언제나처럼 혈압부터 재려고 하는데, 그는 눈앞에 정갈히 차려진 식사를 스윽 훑어보더니 커피를 내려야 한다고 고집을 부리며 다시 자리에서 일어났다. 이번엔 진짜 망했다고 생각했다. 그가 또다시 세월아 네월아 하며 커피를 끊임없이 내리면 어쩐단 말인가? 내가 다급히 말했다.

"오늘은 커피 마실 시간이 없어. 우리 얼른 밥이랑 약만 먹고 커피는 기차에서 마시자."

사실 정 안 되겠다 싶으면 아침 식사는 건너뛰어도 무방했다. 아침 식사와 약 복용은 기차에 타고 난 후 해결하면 되니까. 하지만 아직 7시도 채 되지 않았다. 대부분의 식당은 열지도 않은 데다 설령 아침밥을 사서 기차에 오른다 해도 기차가 움직이면 그가 밥과 약을 먹고 안정을 취할 때까지 얼마나 걸릴지 알 수 없었다.

나는 혼자 조용히 다짐했다. '노력하자, 내가 더 노력하자!'

그렇게 겨우 혈압을 재고 요거트 시리얼과 과일을 먹인 후, 시간 맞춰 비타민과 약까지 먹인 다음 가글까지 시키고 나서야 신발을 신고 집을 나설 수 있었다.

여행은 아직 시작도 안 했는데, 이미 땀에 흠뻑 젖은 나는 기운이 하나도 없었다. 집 밖으로 나온 뒤에는 캐리어를 끌며 푸보가 내게 바짝 붙어 잘 따라오고 있는지 온 신경을 쓰며 걸었다.

기차의 지정 좌석에 궁둥이를 붙이고 나서야 안도의 한숨을 내쉬었다. 그때부터는 내 옆에 바짝 붙어 앉은 푸보를 잃어버릴까 신경 쓰지 않아도 되니 말이다. 내 손을 꼭 잡은 그가 쏜살같이 지나가는 풍경이든 빽빽한 구름뿐인 풍경이든 하염없이 창밖을 바라볼 때, 그가 온몸의 긴장을 푼 채 가만히 미소 짓거나 심지어 꾸벅꾸벅 졸기까지 할 때면 나는 그가 지금 이 순간을 즐기고 있음을 알 수 있었다.

기차에 오르니 그제야 나도 긴장이 풀렸다. 내 옆에 앉은 푸보를 보며 나는 문득 궁금해졌다. 그는 예전에 자신이 여행을 얼마나 좋아했는지 기억하고 있을까? 이제 나에게는 그의 외출을 책임지는 게 부담이 되어버렸는데.

푸보의 치매 증상이 점점 심해짐에 따라 여행의 모든 과정도 힘들어졌다.

이를테면 '짐 싸기'는 정말이지 생각만 해도 마음이 쓰라리다. 예전의 그는 여행 한참 전부터 자기 짐 가방을 다 싸놓고 내 것까지 챙겨주고는 했다. 그랬던 그가 이제 자신의 신분증이 어디 있는지, 늘 몸에 지니고 다니던 가방이 뭔지도 기억하지 못한 채 내 뒤만 졸졸 쫓아다니게 된 것이다.

당연히 짐도 스스로 챙기지 못하니 내가 다 하는 수밖에 없었다. 우리의 여행 가방은 그 크기가 점점 줄어들어 13일간의 이탈리아 여행에서조차 한 사람당 작은 가방 하나면 충분할 정도였다. 그도 그럴 것이 그는 이제 호텔에 가려면 짐을 싸야 하고, 입실 후 짐을 풀었다가 퇴실할 때 다시 싸서 나와야 한다는 것조차 알지 못했다. 나는 양손에 가방을 하나씩 드는 동시에 수시로 뒤돌아보며 푸보가 잘 따라오는지 확인해야 했다.

나중에는 혹시 모를 상황을 피하고자 어딜 가든, 얼마나 오래 있든 기내용 캐리어 하나에 우리 두 사람의 짐을 전부 욱여넣게 되었다.

여행 일정에 따라 호텔을 바꾸는 것 역시 힘들었다. 건강한 사람에게는 모든 방이 비슷하게 보이겠지만, 푸보를 돌보고 난 뒤 그게 그렇게 당연한 일이 아니었음을 깨달았다.

먼저 방의 방향이 계속 바뀐다. 책상과 침대의 위치 역시 매번 달라 푸보는 매우 곤란해했다. 날마다 낯선 방에 들어가는 느낌이었을 테다. 그는 방문을 열 때마다 안절부절못하며 문 앞을 서성였다.

그러나 진짜 큰일은 이다음부터였다. 호텔의 가장 큰 난관은 바로 화장실이었다. 당연하게도 호텔마다 화장실의 세면대, 샤워부스, 욕조, 변기의 위치가 다 다르지 않은가. 샤워할 때가 가장 큰 문제였다. 샤워기는 디자인에 따라 냉온수를 조절하는 방법이 달랐다. 거기에 비누를 제외한 샴푸, 린스, 보디워시 등의 편의 물품은 겉모습만 봐서는 쉽게 구분이 되지 않았다. 이 때문에 푸보는 화장실에 들어간 후에도 한참을 멍하니 서 있기만 했다.

결국 내가 먼저 들어가 칫솔과 치약을 세면대 옆에 준비해놓고, 새 빗을 뜯어 다른 한편에 놓아두었다. 그런 다음 재빨리 샤워를 마치고 냉온수 방향을 조절한 후 푸보에게 선택의 여지를 주지 않기 위해 보디워시를 제외한 모든 편의 물품을 치워버렸다.

그러나 푸보는 이내 샤워하는 방법조차 잊어 내가 도와주지 않으면 씻지 않는 지경이 되었다. 상황이 이렇게 되자 나는 일단 전투적으로 내 샤워를 끝낸 뒤 곧장 욕조에 뜨거운 물을 받았다. 푸보가 들어오자마자 바로 알아차리고 스스로 몸을 담글 수 있도록 말이다.

이런 나의 눈물 나는 노력은 언제부터 시작되었으며, 어떻게 변화해 온 걸까?

푸보는 여행을 정말 좋아했다. 중국에서는 접대하는 사람이 나오거나 단체로 움직이기 때문에 손 하나 까딱할 필요가 없었지만, 그 외 다른 나라로 갈 때면 늘 인터넷에서 수많은 자료를 찾고 그것들을 출력해서 가지고 다니며 수시로 참고했다. 여행지의 교통 정보를 사전에 조사하여 여행 계획을 짤 정도였다.

그는 퇴직 후 내 출장길에 늘 동행했을 뿐만 아니라 여행도 많이 다녔다. 그렇게 일본, 한국, 이탈리아, 프랑스, 인도 등을 함께 다니는 동안 모든 계획은 늘 그의 담당이었다. 그러나 2014년에 우리가 일본을 다시 찾았을 때 그는 계획을 세우기는커녕 자신이 지금 어디 있는지도 잘 알지 못했다. 다시 몇 년 후 태국과 싱가포르에 갔을 땐 한층 더 많은 보살핌이 필요했고, 2016년 헝가리에서는 방향감각을 완전히 잃어 어디든 내가 데리고 다녀야 했다. 2017년 스웨덴과 발리를 방문했을 땐 늘 앞장서 길을 안내하던 모습은 온데간데없이 사라지고, 호텔에 갇혀 내가 데리고 나가주기만을 하염없이 기다리게 되었다. 그는 호텔 밖을 나가서도 말없이 내 뒤에 꼭 붙어 있기만 했다.

이후 그는 점점 말을 잃었다. 각 나라의 친구들을 만나도 예전처럼 먼저 다가가 인사를 건네지 않았다.

내가 퇴직한 후에는 출장 갈 일이 사라졌지만 나는 끊임없이 그와 함께 국내외 여행지를 다녔다. 그가 계속해서 여행의 즐거움을 느끼길 바랐다.

전 세계적으로 코로나19가 발병하면서 하늘길이 막힌 이후 한동안은 국내 여행을 다녔다. 2020년 초여름에 우리는 이제 막 코로나19가 발병한 조마조마한 상황 속에서 기차 여행에 나섰는데, 그때 맞닥뜨린 각종 곤란으로 심신이 피폐해졌다. 당시 동행한 의사 친구에게 말했다.

"더는 못 하겠어. 이게 마지막 여행이 될 거야."

그렇게 우리의 아슬아슬한 여행은 코로나19가 대만 전역에 폭발적으로 퍼지기 직전 끝이 났다. 피곤에 절어 집으로 돌아온 우리는 그길로 집 안에 갇혔다. 푸보가 가장 사랑하던 여행도 그렇게 마침표를 찍고 말았다.

다시는 푸보 손을 잡고 여행하지 못한다고 생각할 때마다 어김없이 눈물이 난다.

나는 그저 그가 지금까지 여행의 즐거움을 한껏 만끽했기를, 아쉬운 마음 없이 마음의 평화를 이루었기를 바랄 뿐이다. 지난 세월 동안 우리가 함께 여행한 수많은 기억이 병에 잠식되어 푸보 안에 조금도 남아 있지 않을지라도.

하루를 버티는 방법

퇴직 전 우리 부부는 둘 다 업무 강도가 비교적 높은 직장에서 일한 탓에 쉬는 날에는 자연히 외출하기보다 집에 머무는 편이었다. 하지만 푸보는 나와 달리 젊은 시절부터 여러 취미를 가지고 있었다. 등산, 달리기, 근력 운동과 같은 몸을 움직이는 활동은 물론 원예, 독서, 영화 감상 같은 정적인 활동까지 다양한 취미를 즐겼다.

푸보가 치매에 걸리기 전까지는 그의 퇴직 후 생활을 걱정해 본 적이 없었다. 하물며 하루가 1년처럼 느껴지는 날이 오리라고는, 일분일초를 겨우 견디며 살 날이 오리라고는 조금도 상상하지 못했다.

푸보는 퇴직 후 내 예상대로 꽃을 가꾸고 책을 읽고 등산과 산책을 하며 상당히 여유로운 날들을 보냈다. 나 또한 시부모님 모두 돌아가시고 하나뿐인 딸마저 독립시키고 나니 비록 쳇바퀴 같은 일상일지라도 마침내 온전히 일에만 집중할 수 있었다. 우리 부부가 함께하는 시간은 저녁 7시 이후, 내가 퇴근하고 돌아와 바로 저녁을 차려 8시쯤 함께 식사하며 대화를 나누는 그 시간이었다. 식사를 마치면 뒷정리 후 한 시간쯤 드라마를 보면서 하루를 마무리했다.

푸보는 병세가 심해지면서 모든 일에 흥미를 잃어 그 어떤 활동에도 집중하지 못했다. 그저 종일 집 안에 앉아 멍하니 창밖만 바라봤다. 나는 그의 흥미를 자극하고 관심을 끌 만한 활동을 찾아 나섰다.

우선 예전부터 좋아하던 분야부터 시작해 보기로 했다. 하지만 등산이나 달리기는 내가 좋아하지도 않고 잘하지도 못하는 분야라서 함께하기에 너무 힘들 것 같았다. 책이나 신문, 잡지는 더 이상 그의 이목을 끌지 못했다. 그래서 나는 율동, 나무 심기, 퍼즐, 종이접기, 색칠 공부, 만두 빚기 등과 같이 머리와 손을 함께 쓸 수 있는 활동을 적극적으로 시도했다.

사회국°에서 치매 환자를 위해 마련한 커뮤니티 수업에도 참여해 보고, 비용이 꽤 많이 드는 개인 수업을 받아보기도 했다. 그러나 그 모든 노력에도 돌아오는 건 공허한 눈빛과 거절의 몸짓뿐이었다. 그는 한쪽 구석에 멍하니 앉아 있기만 했다.

우리에게는 좌절의 경험만 계속해서 쌓여갔다. 그가 더 이상 외부 세계에 관심을 갖지 못하고 눈앞에 무엇을 들이밀든 전부 거절로 일관한다면, 그게 제아무리 책에서 환자 심신에 유익하다고 주장하는 활동이고 전문적이며 심혈을 기울인 것일지라도 무용지물일 수밖에 없었다. 그의 좌절은 곧 나의 좌절이 되었다.

특히 원예나 나무 심기, 퍼즐 활동을 할 때는 더 슬펐다. 모두 푸보가 오랫동안 즐겨 하던 취미 생활이었다.

푸보는 고등학교 때부터 난을 좋아했다. 우리는 마당이 있는 집에 두 차례, 32년간 살았다. 첫 번째 집은 내가 배정받은 사택으로 푸보는 그 집이 낡고 오래되었어도 마당에서 꽃을 키울 수 있어 좋아했다. 우리는 그곳에서 11년을 살다가 시즈구로 이사했다. 그곳에서 그는 1000개가 넘는 호접란을 키우며 화분마다 비료를 주고 제충 작업을 했다. 봄이 되면

°   대만의 사회복지 담당 부서.

다른 때보다 더욱 신중하게 뿌리를 나누어 하나하나 새 화분에 옮겨 심었다. 나중에는 직접 붓으로 일일이 꽃가루받이를 해주었을 정도였다. 주말이면 비바람이 몰아쳐도 꽃시장에 갔고, 그곳에서 사귄 친구들과 의기투합하여 보다 넓은 난초 농장을 탐방한답시고 멀리 떨어진 다른 지역까지 몇 번이나 달려갈 정도였다.

그런 그가 원예 활동에 더 이상의 관심을 보이지 않는 날이 오리라고는 한 번도 생각해 본 적 없었다. 베란다에 있는 화분을 눈앞에 들이밀어도 그는 눈길 한번 주지 않았다.

푸보는 1000피스 퍼즐도 무척이나 좋아했다. 자연 풍경이든 명화든 상관없었다. 딸 란란과 함께 그 큰 그림을 한 조각씩 천천히 맞춰나가는 시간을 그가 얼마나 좋아했는지 모른다. 부녀가 큰 책상에 머리를 맞대고 앉아 웃고 떠들며 퍼즐을 맞추던 모습이 생생하다. 란란 역시 학교를 마치고 집에 돌아오자마자 아빠가 어느 부분을 맞춰놨는지 찾아보곤 했다.

집중력 강했던 푸보는 이제 유아용 10피스, 20피스 퍼즐조차 거들떠보지 않았다.

결국 내가 할 수 있는 말은 하나밖에 없었다.
"여보! 우리 나갈까?"
그를 의자에서 일으킬 수 있는 유일한 말이다.

나간다고 해도 뭘 더 할 수 있단 말인가? 등산이나 달리기 같은 내가 함께할 수 없는 것을 제외하면 매일 할 수 있는 건 산책밖에 없었다. 하지만 산책 역시 그가 좋아한다고 해서 순조로운 것만은 아니었다.

사실 집에서 조금만 걸어가면 산책하기 아주 좋고 아름다운 강변이 있었다. 하지만 푸보는 몇 번 가지도 않았는데 굽이치는 강을 보고 망상을 품기 시작했다. 다른 동네에 있는 형의 아파트에 흰개미가 있다며, 당장 그곳에 가야겠단다. 그러고는 뒤도 안 돌아보고 앞서 걸어갔다. 하지만 이제 그곳에는 더 이상 형의 아파트가 없는 데다가 흰개미가 있을 리 만무했다. 결국 나는 그를 최대한 구슬려 집으로 돌아가는 수밖에 없었다.

그날 이후 강변 쪽으로는 더는 산책할 수 없었다. 나는 계획을 바꿔 시내 쪽으로 방향을 틀어, 북적이는 차량 행렬을 따라 배기가스를 맞으며 걸었다. 이마저도 매일 할 수 있는 일은 아니었다. 한참을 잘 걷던 푸보가 갑자기 나에게 먼저 들어가라고 하는 것이다. 자신은 딸과 둘이 만나 할 이야기가 있다고 하면서 말이다. 가끔은 걷다 말고 느닷없이 등산을 가야겠다고 고집을 부리기도 했다. 하지만 딸아이는 미국에 있고, 주변에 산이라고는 눈 씻고 찾아봐도 없었다. 무슨 수로 란란을 만나고, 어디로 등산을 가겠단 말인가?

결국 우리는 매번 지하철을 타고 국부기념관, 중정기념당, 난강 공원, 다후 공원 같은 근처 관광지를 돌아다닐 수밖에 없었다. 심지어 관광 명소인 마오콩 곤돌라를 타거나 비탄 풍경구까지 가서 점심을 먹고 온 적도 있었다. 가끔은 난강 기차역 앞에 있는 공원에 앉아 커피를 마시며 오가는 사람들을 구경하기도 했다.

내가 매일같이 뭘 하며 보내면 좋을지 머리를 쥐어짜며 괴로워하자 어느 날 란란이 말했다.

"어차피 아빠는 어제 어디 갔는지도 기억 못 하잖아요. 매일 같은 곳에 가도 상관없지 않나요?"

머리를 한 대 얻어맞은 듯했다. 그 말에 나는 매일 반복할 수 있는 일을 찾기 시작했다.

푸보는 예전부터 영화광이었으니 '영화 감상'은 그를 집 밖으로 끌어낸 이후에도 약간의 집중력을 유지시킬 수 있는 좋은 활동이었다. 그래서 나는 영화 감상도 고정 활동 중 하나로 정해놨다.

물론 여러 치매 자료에서는 스크린이나 텔레비전 화면과 같이 불빛이 빠른 속도로 움직이는 매체를 권장하지 않는다. 하지만 푸보는 텔레비전에서 <레이더스>, <마궁의 사원>, <최후의 성전>과 같은 인디애나 존스 시리즈를 재방송해 줄 때면 아이같이 신나는 표정을 지었다. 그 얼굴을 보면 자신이 예전에 뭘 좋아했었는지 조금은 기억하는 게 아닐까 싶어졌다.

다행히도 집에서 조금만 걸어가면 영화관이 있었다. 그곳에서는 매주 금요일마다 신작을 상영해서 우리도 매주 금요일 오후에 영화를 보러 갔다. 영화 보기가 간단해 보일지 몰라도 생각보다 품이 많이 들었다. 나는 집중력을 조금이나마 회복했으면 하는 바람으로 금요일만 되면 오전부터 조건에 맞는 영화를 찾아 인터넷을 뒤졌다.

내가 영화를 고르는 원칙은 다음과 같다. 일단 러닝타임이 너무 길면 안 된다. 푸보가 끝까지 앉아 있지 못할 수도 있다. 그리고 반드시 저녁 식사 시간 전에는 영화가 끝나야 한다. 그래야 자기 전에 밥과 약을 먹고 산책까지 끝마칠 수 있다. 공포영화는 당연히 안 되고 애니메이션은 푸보의 관심을 끌지 못한다. 너무 비현실적인 SF 장르도 피한다. 코미디는 그가 너무 흥분할까 걱정이 되고 그러니 뮤지컬 장르는 말할 필요도 없다. 내용이 너무 복잡하면 따라가기 어렵고 비극적인 이야기도 되도록 피해야 했다. 어쨌든 아주 시끄럽거나 복잡한 것, 너무 심오하거나 슬픈 것도 전부 다 안 된다. 영화 한 편 고르는 것도 결코 쉬운 일이 아니었다.

그래서 나는 늘 인터넷으로 상영작 정보를 전부 검색하고 예고편까지 까다롭게 다 챙겨 본 다음에야 영화 한 편을 겨우 고를 수 있었다.

 푸보는 기억이 점점 퇴화하면서 식사 시간 한참 전이나 혹은 밥 먹고 난 직후에 밥을 또 먹으려 하는 일이 잦아졌다. 잘 시간도 아닌데 침대에 눕는 일도 늘었다. 결국 그의 세끼 식사 시간을 지키고 밤낮이 뒤바뀌는 걸 방지해 생활 루틴을 유지하려면 어떻게든 낮에는 깨어 있다가 저녁 약을 복용 후 침대에 눕도록 해야 했다. 나는 단계별로 치밀한 계획을 세우기로 마음먹었다.

 푸보와 따로 자기 시작한 뒤로는 그가 한밤중에 혼자 일어나 밖에 나가진 않을지 늘 걱정되었기 때문에, 나는 매일 각종 활동으로 어떻게든 그의 진을 빼놓고 저녁 6시에 식사와 약을 먹였다. 그다음 7시까지 산책하다 8시쯤 집으로 돌아와 바로 재웠다.

 저녁 식사 후의 산책까지 더하면 푸보는 매일 두 번 산책했다. 가끔 날이 너무 더운 날에는 저녁 8시까지 공원에 하릴없이 앉아만 있기도 했다.

 푸보는 때때로 약 때문인지 8시가 되기도 전에 졸음을 참지 못할 때가 있었다. 그럴 땐 걸음걸이부터 비틀대다가 자꾸만 내게 기대려고 했다. 그럼 나는 그런 그를 끌다시피 부축하며 최대한 빠르게 집으로 향했다. 집에 도착하면 그는 가장 먼저 보이는 소파나 의자에 엉덩이를 붙인 뒤 바로 눈을 감고 누가 업어 가도 모를 만큼 깊이 잠에 빠져들었다.

이런 일이 종종 벌어지자 나와 도우미는 집을 나서기 전부터 조명의 밝기와 푸보의 동선을 계획하기 시작했다. 일단 외출 전 창문의 커튼을 다 치고, 현관과 복도의 조명을 제외한 모든 불을 다 꺼버렸다. 그런 다음 물 한 컵과 취침 전 약을 들어오자마자 보이는 테이블 위, 손 뻗으면 바로 닿을 곳에 놓았다. 산책을 마치고 집에 돌아오면 한 사람이 그의 신발을 벗기는 동시에 다른 한 사람은 약을 먹인다. 그가 약을 삼키는 즉시 도우미와 나는 그를 부축해 조명이 드문드문 켜져 있는 어두컴컴한 복도를 따라 안방으로 향했다. 그렇게 방 안으로 들어서서 옷을 벗기고 침대에 눕힌 다음 불을 끄고 방문을 닫았다. 그때부터는 그 누구도 소리를 낼 수 없었다.

우리의 매일은 계산과 계획, 시시각각 조정되는 작전에 따라 흘러갔다. 날마다 목표는 단 하나, 푸보에게 알찬 하루를 만들어주는 것뿐이었다. 그 목표를 위해 매일 넘어야 하는 산, 들이는 노력, 견뎌야 할 심리적 압박이 어떤 것인지는 아는 사람만 알 터. 하루 24시간을 환자 옆에 붙어 간병하는 가족만이 감당할 수 있는 일이었다.

치매 환자를 돌보는 가족들은 매 순간 새로운 상황과 도전을 맞닥뜨린다. 그럴 때 주변 친구들이 건네는 조언은 아무리 좋은 마음일지라도 수박 겉핥기인 경우가 대부분이다. 보호자들은 자신이 겪는 어려움을 묵묵히 감당하는 것 자체가 가장 큰 도전이리라.

그냥, 산책

휴대폰이 울렸다. 도우미였다. 산책하러 나간 푸보가 세 바퀴째 돌고도 여전히 집에 돌아가려 하지 않는다는 것이다. 아파트 단지 입구만 보이면 다시 돌아 나가며 이렇게 말한다고 했다.

"가자, 산책하러!"

에어컨이 빵빵하게 켜진 실내로 들어올 생각은 추호도 없는 것이다.

어느새 다가온 한여름, 38도에 달하는 기온에 높은 습도까지 더해져 푸보가 더위를 먹진 않을까 걱정되었다. 전화를 받고 나는 도우미에게 푸보를 데리고 단지 옆에 있는 공원으로 가라고 일렀다. 힘들다는 핑계를 대고 나무 그늘 아래 의자에 앉아 있으면 그사이 내가 시원한 물을 가지고 가서 무슨 수를 써서든 그를 데리고 들어오겠다고 말이다.

도우미가 우리 집에 온 지도 벌써 1년. 푸보를 돌보는 일도 그녀의 고정 일과 중 하나가 되었다. 특히 매일 오후에 나가는 산책은 푸보가 제일 좋아하는 일이었다.

푸보가 73세가 되던 해, 우리는 21년간 살던 시즈구의 산속 단독주택을 떠나 엘리베이터와 24시간 관리실, 주변 편의 시설이 잘되어 있는 난강 지역의 아파트로 이사했다. 전에 있던 세간살이의 90퍼센트를 처분하고 주행거리가 극히 낮은 낡은 차 한 대만 남겨둔 채 우리는 그곳에서 간소한 노년 생활을 시작했다.

시즈구에 살던 시절, 푸보는 자신이 고등학교 때 육상부였다는 사실을 매우 자랑스러워했다. 달리기, 근력 운동, 산책은 그의 일상이었고 취미로 화초 가꾸기도 즐겼다. 난강 지역으로 이사해온 건 그가 퇴직 후 8년쯤 지나서의 일이었다. 연구 활동에 행정 업무까지 눈코 뜰 새 없이 바빴던 나는 그가 언제부터 운동을 멀리했는지 알아채지 못했다. 또한 새집의 베란다는 크기가 작고 창문으로만 드나들 수 있는 구조여서 우리 두 노인에게 다소 위험했다. 결국 키울 공간이 마땅치 않아진 난초들은 모두 정리할 수밖에 없었다.

이사 후 푸보가 매일 할 수 있는 운동이라고는 산책밖에 없었다. 하지만 그 무렵 이미 치매가 어느 정도 진행된 상태였기에 산책하는 시간과 횟수가 제멋대로였다. 내가 퇴근하고 왔을 때 물어보면 온종일 산책을 몇 번이나 했는지, 어딜 다녀왔는지 제대로 말하지 못했다.

도우미가 오기 전까지 산책은 우리 생활의 큰 골칫거리 중 하나였다. 그녀가 집에 온 후 나의 요청이나 당부는 죄다 푸보의 일상과 관련된 일이었다. 도우미는 매일 푸보와 몇 번이나 나갔는지, 어딜 다녀왔는지 내게 보고하기 시작했다.

그때만 해도 길 찾기 능력이 아직 남아 있던 푸보는 늘 앞장서서 걸으며 어디로 갈지 스스로 정했다. 집 근처 맥도날드나 까르푸를 지날 때면 도우미에게 뭐라도 먹고 가지 않겠냐고 묻기도 했다. 두 사람은 종종 맥도날드에 들러 햄버거와 감자튀김, 콜라를 먹고 까르푸에서 하겐다즈 아이스크림을 사 먹었다. 대학교를 갓 졸업한 젊은 도우미는 매일같이 필리핀의 시골 마을에 사는 부모님께 인터넷 전화를 걸어 자신이 얼마나 좋은 곳에 와 있는지 자랑했다고 한다. 온화하고 점잖은 데다 인심도 후한 사장님과 사모님이 식사도 잘 챙겨주고, 사장님과 산책하러 나가면 간식까지 먹는다고 말이다.

한번은 푸보가 그녀에게 미국 유학 시절부터 자신이 패스트푸드를 얼마나 좋아했는지 말해줬다고 한다. 하지만 아내가 정크푸드를 싫어해 햄버거와 감자튀김을 먹을 때도 딸에게만큼은 우유나 주스를 줬다고, 콜라를 마신 건 그와 딸 둘만의 비밀이라고 말이다. 퇴직 전까지 대학교수였던 푸보는 여름방학과 겨울방학이 있었지만 연구소에서 일하는 나는 그런 게 있을 리 없었다. 그래서 딸아이는 방학 때마다 아빠와 둘이서 여름엔 수영장을, 겨울엔 영화관과 서점 등을 다녔다. 그때 몰래 패스트푸드와 콜라를 먹는 둘만의 비밀을 만들고 집에서는 입을 다물었던 모양이었다.

딸이 이제 집에 없으니 패스트푸드와 아이스크림을 먹는 건 푸보와 도우미만의 비밀이 되었다. 이번에도 푸보는 집에는 절대 이야기하지 말라는 당부를 잊지 않았다.

전에는 내가 매일 푸보와 둘이 산책을 했는데, 이러다 푸보가 도우미와 둘이 외출하는 걸 꺼리게 되기라도 하면 나 혼자서는 감당하기 힘들 것 같다는 생각이 들었다. 그때부터 나는 일부러 도우미까지 셋이서, 때로는 도우미와 푸보 둘이서만 외출하는 기회를 만들었다. 셋이 함께 나갈 때면 나와 푸보가 앞서 걸으며 대화를 나누고 도우미는 우리 뒤를 따라왔다.

그러다 문득 발견한 것이 있는데, 우리 셋이 외출했을 때 맥도날드나 까르푸 앞을 지나면 푸보가 갑자기 말이 없어지는 것이다. 푸보가 이런 즐거움을 얼마나 더 기억할 수 있을까. 마음이 저려왔다. 물론 그래도 패스트푸드나 아이스크림을 자주 먹는 건 싫지만.

나의 퇴직 후 푸보는 콜레스테롤과 중성지방 수치를 낮춰주는 약 복용을 단 한 번도 거른 적이 없으며, 아침저녁으로 잰 혈압도 거의 정상 수치를 유지하는 중이었다. 그래서 정기 검진 날이 오면 나는 이른 아침 공복 상태로 병원에서 피를 뽑은 푸보를 데리고 반드시 패스트푸드점에 갔다. 그곳에서 햄버거 라지 세트에 감자튀김을 시켜주고, 따뜻한 커피를 마실지 아니면 콜라를 마실지도 물어봤다. 또한 딸아이가 어렸을 때 그랬듯 냉장고 안에 아이스크림을 잔뜩 쌓아두고 그가 원 없이 먹게 해주었다.

언젠가부터 우리 셋이 산책할 때 푸보는 "당신이 앞장서"라며 나와 나란히 걸으려 하지 않았다. 도우미와 같이 걷고 싶어서 그런 것도 아닌 듯했다. 그 둘이서만 산책하러 나가도 푸보는 똑같이 말했다고 한다. 맥도날드나 까르푸 앞을 지나도 푸보는 더 이상 반응을 보이지 않았다. 또한 집 근처 강둑에만 가면 늘 우리를 먼저 집으로 돌려보내려 했다. 자신은 항구도시인 단수이까지 홀로 다녀오겠다고 말이다. 하지만 거길 왜 가는지, 가서 뭐 할 건지 물으면 아무 대답도 하지 못했다.

그때쯤부터 나는 산책에 그와 도우미 단둘만 보내지 않고 내가 꼭 동행했다. 도우미가 내 지시대로 그의 단독 행동을 저지하면 그가 화를 냈기 때문이다. 내가 같이 있어야만 그를 어르고 달래 집으로 데려올 수 있었다.

나는 도우미와 상의 끝에 다시는 강둑 쪽으로는 가지 않기로 하고, 반대 방향으로 산책 경로를 바꿨다. 또 얼마간의 시간이 지나자 이번에는 산책길을 세 번이나 왕복하고도 집에 들어오려 하지 않아 산책 시간을 저녁 식사 후 해가 졌을 때로 바꾸었다.

병세가 짙어지며 푸보는 말투마저 점점 어눌해졌다. 입을 여는 횟수도 줄었다. 그가 가방을 메고 모자를 쓰고 외출 준비를 마친 채 문 앞에 서 있는 모습만 봐도 나는 가슴이 철렁했다.

"어디 가려고?"

"나갈 거야."

"왜, 무슨 일 있어? 어디 가게?"

"그냥 산책."

내가 도우미에게 마실 물을 챙겨 같이 가라고 보내도 푸보는 늘 완강히 거절했다. 할 수 없이 도우미에게 몰래 따라가 보라고도 해봤지만, 이마저 눈치챈 푸보가 먼저 집에 돌려보내고는 했다. 결국 내가 수시로 대기하고 있다가 그가 나갈 조짐만 보이면 즉시 따라붙는 수밖에 없었다.

사실 나는 족저근막염이 있어 외출할 때 교정 깔창을 깐 운동화를 신고 신발 끈을 꽉 동여매야만 했다. 거기에 마스크까지 챙겨 엘리베이터를 기다리는 데에도 족히 몇 분은 걸렸다. 어쩌다 푸보가 엘리베이터 버튼을 먼저 누르고 내려가는 날에는 급한 마음에 더 허둥거렸다. 나 없이 아파트 단지 밖으로 나가버리기라도 하면 그가 앞문으로 나갔는지 뒷문으로 나갔는지 알 방도가 없기 때문이다.

무더운 여름에 작열하는 태양 아래에서 길을 몇 번이나 오가는 건 몹시 고통스럽다. 그러나 푸보는 자신이 몇 번이나 나왔는지, 어딜 다녀왔는지 조금도 기억하지 못했다. 그저 내리쬐는 햇볕 아래에서 땀을 뻘뻘 흘리며 두리번거릴 뿐이었다. 이런저런 핑계를 대며 더위에 지친 그를 집으로 데려오는 건 내 몫이었다.

산책은 원래 푸보가 가장 좋아하던 운동이면서 노인들에게 잘 맞는 생활 체육이다. 하지만 이런 산책조차 수만 가지 변수를 고려해야 했다. 산책하며 말을 걸어도 대답이 없으니 긴장을 풀고 편한 상태로 걷고 싶어도 수시로 고개를 돌려 푸보가 제대로 뒤따라오는지 확인해야 했다. 게다가 일단 집 밖으로 나오면 언제 다시 돌아갈지 알 수 없었고, 집 앞까지 와서도 꼭 들어가리라 확신할 수 없었다.

치매 가족을 돌보는 일이란 그런 것이다. 그가 나에게 기나긴 작별 인사를 건넬 때, 어둡고 긴 터널을 마지막까지 그와 함께 걷는 일. 그 어두운 길 위에서 내가 그의 밝은 등불이 되어주리라 다짐했지만, 갈수록 그 등불을 얼마나 더 밝힐 수 있을지 자꾸만 의심스러워졌다.

힘든 일이라는 건 잘 알고 있다. 하지만 그와 함께 가는 이 길에서 맞닥뜨리는 힘듦이란 대부분 예상할 수도, 대비할 수도 없는 것들이라서 나는 하루하루 그저 맞서 싸우며 앞으로 나아갈 수밖에 없다.

발병 초기만 해도 푸보는 단기 기억의 손실만 서서히 일어날 뿐 장기 기억에는 문제가 없었고 인지 장애도 나타나지 않았다. 그러나 일정 단계에 다다르자 단기 기억은 거의 남아 있지 않고 장기 기억 역시 산산조각이 나면서 인지 능력이 급격히 떨어지기 시작했다. 나는 거의 매일 새로운 돌발 상황에 놓였다. 게다가 어제 먹힌 방법이 오늘도 반드시 먹히리란 보장도 없었다.

이러한 과정에서 형언하기 힘들 만큼의 좌절과 막막함을

겪고 또 겪다 보니 해결할 수 있으리라는 확신마저 사라지고 있었다.

마음속 치열한 전쟁 끝에 나는 결국 푸보를 요양기관에 보내기로 결정했다. 공동 간병 방식을 택한 것이다. 평소에는 요양기관의 보호를 받고, 응급 상황이나 입원이 필요할 때는 내가 책임지는 형태다. 나도 의지할 곳이 생겨서 좋고, 푸보 역시 양질의 간병을 받을 수 있어 다행이었다.

자료에 따르면 치매 환자의 상태는 개개인별로 천차만별이라고 한다. 다시 말해 모든 치매 환자에 대해 '이럴 땐 무조건 이렇게 처리하라'고 가르쳐줄 수 있는 교과서 같은 건 없다는 뜻이다.

집에서 그를 보살필 때는 새로운 상황이 발생할 때마다 내가 책임지고 최대한 빠르게 해결해야 한다는 생각에 늘 긴장되고 초조했다. 나 때문에 혹시 잘못될까 봐 걱정도 됐다.

가끔 푸보의 계속되는 반항에 모두가 지쳐 나가떨어질 때가 있었다. 속수무책으로 당하다 결국 포기할 수밖에 없을 때의 막막함과 실망감은 엄청났다. 그런 일을 계속해서 홀로 감당하는 게 어찌나 외롭고 무기력한지, 계속되는 감정 기복이 사람을 얼마나 우울하게 하는지, 결국 어쩔 수 없이 포기해 버렸을 때는 또 얼마나 자책하고 미안한지 말로 다 표현할 수 없을 정도다.

  그동안은 병에 걸린 푸보의 길고 어두운 앞날에 등불이라곤 오직 나 하나뿐이었다. 하지만 그가 요양기관에 들어간 이후 그의 옆에 수많은 등불이 켜졌음을 매주 방문할 때마다 느낀다. 이제 나는 외롭고 애처로운 등불이 아니라 수많은 등불 속에서 가장 빛나는 등불이 되었다.

절대 잃어버리지 않는다

연구소에서 일한 마지막 해의 어느 늦가을, 해가 눈에 띄게 짧아진 탓에 평소와 다름없이 퇴근해 7시 전에 집에 도착했는데도 벌써 하늘이 어두컴컴했다.

주차 후 엘리베이터를 타고 올라가 집 현관문을 여는 그 순간까지도 얼마나 조마조마했는지 모른다. 집에 들어설 때 따뜻하고 포근한 조명이 켜져 있으면 그제야 한시름 놓으며 "나 왔어"라고 말할 수 있었다. 그런 다음 가뿐한 마음으로 옷을 갈아입고 저녁밥을 준비하는 것이다. 그러나 문을 열고 들어간 집에서 나를 맞이하는 것이 칠흑 같은 어둠뿐이라면 심장이 철렁 내려앉으며 손이 덜덜 떨리고 숨쉬기가 어려웠다. 푸보가 집에 없다는 뜻이니까.

연구실에 출근해 일하는 시간 내내 푸보에게 무슨 일이 일어날까 봐 전전긍긍했다. 그땐 나도 몰랐다. 이 정도 불안과 초조는 퇴직 후 날이 갈수록 악화하는 그의 병세 앞에서 내가 느낄 무력감에 비하면 아무것도 아니라는 것을. 게다가 나의 불안은 이미 한참 전에 시작되었으며, 날이 갈수록 심해지고 있었다.

월요일부터 금요일까지 나는 불안 속에서 겉으로는 평소와 다름없이 일했지만 속으로는 걱정을 떨칠 수 없었다. 다행히도 집에서 연구실까지의 거리가 4킬로미터도 채 되지 않는 덕분에 가끔 점심시간을 틈타 집에 잠시 들르기도 했다. 그때 푸보가 집에 있으면 깜빡한 물건이 있어 가지러 온 척했고, 만약 집에 없으면 최대한 서둘러 퇴근했다.

그를 온종일 집 안에만 머물게 할 수 없다는 걸 모르지 않았다. 집 밖으로 나가려는 그를 억지로 막을 방도도 딱히 없었다. 점심때 집에 잠시 들러 확인하는 일도 크게 도움이 되지 않았다. 그저 걱정돼서 견딜 수 없는 나 자신을 위한 조치일 뿐이었다.

일주일 중 토요일이 가장 힘든 날이었다. 나의 어머니는

77세에 단수이 싼즈구에 있는 양로원에 들어가셔서 2022년 96세로 작고하실 때까지 그곳에 계셨다. 장장 19년 동안 우리 세 자매는 매주 토요일마다 빠짐없이 어머니를 뵈러 갔다.

나는 걱정 끼쳐드리고 싶지 않아 어머니에게 푸보가 치매에 걸렸다는 사실을 숨겼다. 푸보의 병세가 본격적으로 심해진 뒤로 나는 토요일 오후만 되면 유난히 마음이 심란하고 안절부절못했다. 평일 닷새를 내리 참은 푸보의 눈에는 내가 주말에도 아침만 먹고 나가 해가 지고 나서야 집에 돌아오는 것처럼 보일 게 아닌가. 게다가 어머니가 계신 곳은 집에서 50킬로미터나 떨어져 있어 점심에 잠깐 들르는 것도 불가능했다. 그런 상황에서 푸보가 전화까지 안 받을 때의 애간장 타는 기분은 겪어본 사람만이 알 터였다.

현관문을 열었을 때 어둠에 잠긴 집을 보는 것이 일상이 되자 푸보를 잃어버리지 않기 위해 온갖 방법을 찾기 시작했다.

그때까지만 해도 푸보는 혼자 집을 찾아오는 것까지는 문제없었지만, 예전처럼 어디에서 뭘 하다 왔는지 말해주는 일은 현저히 줄어들었다. 내가 먼저 어딜 다녀왔냐고 물어도 "그냥 걸었어"라는 말로 대충 넘기거나 아니면 아예 대답을 피했다. 계속해서 내가 어디를 걸었냐고 물으면 "민성둥루에 있는 형 집 좀 보러"라고 말했다.

와병 중인 아주버님에게 그 동네의 오래된 아파트 한 채가 있긴 했지만, 그곳은 이미 너무 오랫동안 사람이 살지 않아 각종 잡동사니에 거미줄과 먼지만 잔뜩 쌓여 있는 상태였다. 앉을 자리도 마땅치 않은 그곳에 쉬러 갔을 리는 없고, 볼 만한 것은 더더욱 없었다. 게다가 우리 집에서 그곳까지 걸어서 다녀오려면 족히 세 시간은 걸린다. 날이 갈수록 의심만 쌓여갔다.

그가 매일같이 하는 대답은 몇 가지로 고정되었다. 처음에 '민성동루에 있는 형 집'이었던 곳은 어느새 '민성동루와 스린에 있는 형 집'으로 바뀌었다. 그곳까지 어떻게 갔냐고 물으면 그는 당연한 걸 묻는다는 듯 대답했다.

"걸어서 갔다니까!"

미혼의 아주버님이 치매에 걸린 지도 수년째로 그분에게 남은 건 민성동루 집 한 채뿐이었다. 그런데 이런 대답을 계속해서 듣고 있자니 슬슬 무서워졌다. 우선은 푸보에게 망상 증상이 시작된 건 아닐까 하는 걱정이 들었고, 두 번째는 앞으로 그가 낮에 어디서 뭘 하는지 영원히 알 길이 없어졌다는 사실을 새삼스레 깨달았기 때문이다. 이제 푸보 자신조차 본인이 어디 갔었는지 기억하지 못하는 것 같았다. 귀가 시간이 불확실해졌다는 것만이 분명했다.

친구들은 내게 여러 가지 진심 어린 조언을 해주었다. 내 휴대폰에서 푸보의 휴대폰을 위치추적 할 수 있도록 설정하는 것, 푸보에게 이름과 연락처가 새겨진 팔찌나 목걸이 채우기, 위치 추적 기능이 있는 손목시계를 채우는 등의 방법들이었다.

나는 여러 자료를 찾아보고 사회복지사에게 문의 후, 그의 휴대폰과 내 것을 몰래 연결해 위치 추적을 할 수 있도록 설정했다. 그러나 이 모든 준비를 끝마쳤을 때는 이미 푸보가 휴대폰조차 제대로 가지고 다니지 않는 상태가 된 이후였다. 그는 테이블 위에 멀쩡히 놓여 있는 휴대폰을 매우 불쾌한 표정으로 쳐다보며 이렇게 말했다.

"이게 뭔데? 난 필요 없어."

이로써 그가 매일 어디를 그렇게 쏘다니는지 알아보려던 내 계획은 수포로 돌아갔다.

일하고 있을 때 끊임없이 걸려 오던 푸보의 전화도 뚝 끊겼다. 온종일 연락이 한 통도 없다는 것 자체도 걱정거리였다. 나는 그가 집에 제대로 붙어 있는지 아니면 어디로 나갔는지, 집을 찾아오는 방법을 알긴 하는지 모든 것이 불안했다. 결국 '실종 노인 찾기 센터'에 연락해 실종 방지를 위해 이름과 긴급 연락처를 새긴 '사랑의 팔찌'를 신청하기에 이르렀다.

지금껏 살면서 손목시계 외에 무언가를 차본 적 없는 푸보는 이를 단호히 거절했다.

"내가 여자야? 무슨 팔찌를 차라고 해?"

아무리 설득해도 소용없었다. 결국 나는 궁여지책으로 딸이 보내온 생일 선물이라는 거짓말을 해버렸다. 그러자 그는 마지못해 착용하는 듯하다 금세 벗어버리고는 아주 단호히 말했다.

"난 이런 거 필요 없어."

당시만 해도 아직 보편화되지 않았던 위치 추적 기능이 있는 손목시계를 어렵게 구해 온 날, 그는 이렇게 말했다.

"내 손목시계가 더 좋은데 뭐 하러 바꿔?"

다시 말해, 시도해 본 모든 방법 중 먹히는 게 단 하나도 없었다는 얘기다.

그 와중에 나는 친구들이 좋은 마음으로 조언을 하면 내가 어디까지 해봤는지, 그게 왜 성공하지 못했는지도 참을성 있게 설명해야 했다.

돌이켜 생각해 보니 나름대로 기발했던 여러 가지 조치들뿐만 아니라 기저귀, 지팡이, 보행기, 보청기 등과 같은 보조 기구들도 사용하기가 쉽지 않았다. 치매 환자 본인이 나서서 사용하지 않는 이상 이 모든 것들이 제대로 된 효과를 거두기란 불가능했다. 이를테면 성인용 팬티기저귀 같은 경우, 푸보는 다른 사람이 속옷을 입고 벗겨주는 일을 완강히 거부한 데다 힘도 무지막지하게 세서 억지로 입힐 방도가 없었다. 환자가 의식이 명확한 상태에서 한사코 거부하는 일을 억지로 강요할 수는 없지 않은가. 식사, 복약, 세안, 목욕도 마찬가지였다. 그가 거부하는 이상 방법이 없었다.

사정을 아는 지인들의 호의 어린 제안들은 그래도 보호자로서 좋게 좋게 넘어갈 수 있었다. 나를 가장 비참하게 만드는 것은 경솔한 충고들이었다. 치매 환자들에게 단계적으로 나타나는 무질서 행위를 이해하지 못하고, 그런 환자를 가까이서 돌본 경험도 없는 사람들이 '왜 그것도 모르냐'며 던지는 말들이었다. 그런 수박 겉핥기식의 호의는 매일같이 고군분투하는 보호자의 입장에서 무엇보다 견디기 힘들었다.

푸보가 집 안에서 문을 잠그는 바람에 내가 집에 못 들어간 경우도 세 번이나 있었다. 열쇠 구멍에 열쇠를 넣고 왼쪽으로 세 번 돌리면 문이 열려야 하는데, 안에서 안전 고리를 걸어놓아서 문이 열리다 만 것이다. 나는 문틈 사이로 집을 보면서도 안으로는 들어갈 수 없었다. 안에 있는 게 분명한 푸보는 어디로 갔는지 일단 거실에서는 보이지 않았다. 나는 하는 수 없이 현관문을 쾅쾅 두드리며 목이 터져라 그를 불렀다.

만약 푸보가 거실에서 벽 하나로 나뉜 작은 서재에 들어가 있는 거라면 완전히 못 듣지는 않을 터였다. 그러나 복도 끝에 있는 안방이나 그 안에 딸린 화장실에 있다면 내 목소리를 듣기란 불가능했다.

푸보는 낮잠을 잘 자는 편도 아니었다. 게다가 저녁 식사 시간도 다가오는데 도대체 뭘 하고 있는 것일까? 아침저녁으로 재는 혈압도 계속 정상이었고 고지혈증약도 꾸준히 먹이고 있다. 기온이 급격히 떨어지지 않았으니 뇌졸중은 아닐 것이다. 혹시라도 실수로 넘어져 기절한 건 아닐까?

기온이 20도도 채 넘지 않는 날씨에 땀이 비 오듯 쏟아졌다. 나는 한달음에 건물 로비로 내려가 경비원에게 현관문을 부수고 들어갈 방법이 없는지 물었지만, 돌아온 대답은 문짝 전체를 떼어내는 수밖에 없다는 말뿐이었다. 나는 다시 집으로 올라가 이웃들에게 민폐가 된다는 사실을 알면서도 계속해서 현관문을 세차게 두드리고 고래고래 소리를 질렀다.

마침내 이를 들은 푸보가 문을 열고 나와, 썩 유쾌하지 않은 표정으로 왜 이리 소란이냐고 말했다. 푸보를 보고 깜짝 놀랄 수밖에 없었다. 술이라면 한 모금만 마셔도 얼굴이 익힌 새우처럼 발그레해지는 푸보가 온몸에서 술 냄새를 풀풀 풍기며 침대에 뻗어 있었던 것이다. 내가 무슨 술을 이렇게 마셨냐고 묻자 그가 대답했다.

"내가 언제? 나 술이라면 입에도 못 대는 거 몰라?"

그에게 무언가를 설명해 납득시키는 일은 일찌감치 포기한 나는 그저 아무 말 없이 옷을 갈아입고 저녁밥을 준비할 수밖에 없었다.

혼자 있는 푸보를 제어할 방도가 없었기에 나는 가장 바보 같고 수고스럽지만 효과는 제일 좋은 방법을 쓰기로 했다. 바로 한순간도 푸보를 혼자 두지 않기로 한 것이다.

도우미 없이 생활할 때, 나는 사생활을 완전히 포기한 채 집 안의 모든 문을 열고 살았다. 그가 어디 있는지 눈으로 늘 확인하기 위해서였다. 외출 시에는 어디를 가든, 무슨 이유로 가든 언제나 그를 데리고 다녔다. 버스나 지하철을 탈 때, 혹은 물건을 계산할 때나 약을 받아 올 때와 같이 줄을 설 일이 생기면 그가 내 뒤에 얌전히 붙어 있는지 수시로 고개를 돌려 확인했다.

도우미가 우리말이 서툴렀기에 그녀가 온 후에도 잡다한 집안일과 장보기, 심부름 등은 예전처럼 내가 했지만, 그래도 늘 푸보를 데리고 다닐 필요는 없어진 것이 다행이었다.

장보기를 우습게 봐선 안 된다. 시장에서든 대형 마트에서든 물건을 하나 사려 해도 수시로 뒤돌아보며 그가 옆에 있는지 확인해야 하기 때문이다. 어쩌다 그가 시야에서 사라지면 가슴이 얼마나 철렁하는지 모른다.

낮에 은행이나 우체국, 혹은 정기검진을 위해 들른 병원에서도 절대 반나절 넘게 머물지 않았다. 내가 집에 없는 걸 알고 푸보가 멋대로 돌아다니기라도 하면, 말도 안 통하는 도우미 혼자 당해낼 수 없었다.

나 혼자 저녁 모임에 참석하는 일은 더더욱 없었다. 저녁 식사 시간에 내가 안 보이면 푸보가 밥을 거르기 때문이었다.

저녁 식사 후 잠시 외출하는 것도 일주일에 딱 하루, 아파트 단지 안에 있는 노래 교실에 갈 때뿐이었다. 그마저도 두 시간이 지나면 수업과 상관없이 무조건 집으로 올라왔다.

이후로 나는 푸보를 단 한 번도 잃어버린 적이 없다. 나 또한 그만큼 엄청난 대가를 치렀으니까.

나는 매일 우울하고 초조했으며 서서히 내 인생을 잃어갔다. 늘 대기 상태로 살게 된 이후 내 인생에 혼자만의 시간은 없어졌다. 활을 보고 놀란 새처럼 위축되어 어떤 일에도 몰두하지 못했다.

한때는 36년간 몸담았던 연구소로 언제든 돌아갈 수 있다고 생각하기도 했다. 강연이나 회의에도 참여할 수 있을 거라고 믿었다. 하지만 실제로는 단 한 번도 간 적 없다. 내게 여전히 수많은 연구 성과가 남아 있으니 계속 논문을 발표할 수 있을 거라고 믿기도 했다. 그러나 책상 앞에 앉아 아무리 오래 컴퓨터를 쏘아보고 있어도 집중하기가 어려웠다.

한때는 내가 전처럼 아무 문제 없이 논문을 심사하고 관련 자료를 찾고, 관심 있는 분야의 논문과 책을 읽을 수 있을 줄 알았다. 그러나 내가 가진 모든 시간은 이미 지리멸렬해졌다. 하는 수 없이 나는 들어오는 모든 심사 요청을 거절할 수밖에 없었다.

한때는 내가 30여 년 전에 가입한 국제여성공익단체에서 봉사활동을 하거나 적어도 매달 한 번뿐인 회의에 참석 정도는 할 수 있을 줄 알았다. 내 출석률이 퇴직 전보다 오히려 낮아질 줄도 모르고.

한때는 친구들과 언제든 모임을 가질 수 있을 줄 알았지만, 막상 그런 자리에 가도 가시방석에 앉은 듯 마음이 불편했다.

내일은 무슨 일이 벌어질지 알 수 없는 나날을 보내며 늘 대기 상태에 있다 보니 숨이 막히고 잠 못 드는 밤이 길어졌다. 내가 자각하지 못하는 사이, 불면과 우울은 어느새 날 집어삼키고 있었다.

약 먹이기 작전

 언제부터일까? 밤마다 잠들기 전에 다음 날 푸보에게 약을 먹일 '작전'을 짜게 되었다.
 점점 심해지는 병증 때문에 그는 하루에 세 번씩 꼬박꼬박 약을 먹었다. 시간은 아침저녁 식후 그리고 자기 전으로 약의 개수도 날이 갈수록 늘었다. 거기에 아침에 챙겨 먹어야 하는 영양제까지 더하면 한눈에 봐도 그 양이 엄청났다.
 병을 의식하지 못하는 건지 아니면 의식하고 싶지 않은 건지 모르겠지만 그는 색깔도 모양도 크기도 제각각인 약 뭉치만 보면 늘 미심쩍은 표정을 지었다. 단기 기억과 이해 능력까지 갈수록 퇴화하고 있으니 아무리 설명을 들어도 알아듣지 못하고 기억력은 점점 떨어졌다. 그러다 보니 결국은 약을 거부하게 되는 것이다.

예상 못 한 상황은 아니었지만, 매일 시간 맞춰 필요한 약을 모두 먹이는 것이 내 임무였다. 좋은 말로 설득하다 안 되면 반칙을 써서라도 그 임무를 완수해야만 했다.

처음엔 약 먹이기가 이렇게 힘든 일은 아니었다. 식사 후 약통에서 약을 꺼내 식탁 위에 늘어놓고 이렇게 말하기만 하면 됐으니까.

"자! 이제 약 먹어."

그럼 그는 반쯤 포기한 듯 힘없는 미소를 지어 보이며 오른손에 물컵을 들고 왼손으로 그 약을 한 알 한 알 집어 물과 함께 꿀떡꿀떡 삼켰다.

하지만 순조로운 날들은 그리 오래가지 않았다. 언젠가 그가 나를 보며 말했다.

"아픈 데도 없는데 왜 약을 먹어?"

그럼 나는 이렇게 대답할 수밖에 없었다.

"이거 비타민이야. 우리처럼 나이 든 사람들은 건강 생각해서 챙겨 먹어야 해."

그런 다음 내가 먼저 먹는 모습을 보이면, 그도 고개를 절레절레 저으며 마지못해 약을 삼켰다.

하지만 이마저도 얼마 가지 못했다. 그가 손바닥 위에 있는 내 영양제를 보며 이렇게 묻기 시작한 것이다.

"왜 당신 비타민은 그것밖에 없어? 내 건 이렇게나 많은데?"

그는 고개를 단호히 저으며 복용을 거부했다. 정말 큰일이었다. 단기 기억은 점점 퇴화하는데 논리력은 아직 남아 있다니. 새로운 방법을 빨리 찾아야 했다.

그리하여 나는 매일 아침 푸보와 똑같이 약을 한 움큼씩 먹기로 했다. 그와 비슷한 양의 약을 입에 탈탈 털어 넣고 한입에 꿀떡 삼키는 모습을 보여주면 그도 나를 따라 먹을 것 같았다.

하지만 나는 장기 복용하는 약이 없었다. 내가 매일 먹는 건 멀티비타민 한 알, 비타민D가 함유된 칼슘 캡슐 한 알, 그리고 루테인 한 알, 이렇게 세 종류의 영양제가 전부여서 손바닥에 펼쳐놓고 보면 정말 얼마 안 돼 보였다. 푸보는 여기에 혈압약, 고지혈증약, 그리고 치매 치료제인 도네페질까지 더해 총 여섯 종류의 약을 먹어야 하는 탓에 정말 한 움큼은 되었다.

그래서 나는 멀티비타민 한 알로 먹던 것을 B1, B2, B12 한 알씩으로 따로 나누어 먹기로 했다. 그렇게 영양제 개수를 다섯 알로 만들고 나니 푸보의 약과 양이 얼추 비슷해 보였다.

그러나 이 방법의 효과도 오래 지속되지 않았다. 얼마 후 푸보는 약 먹는 것 자체를 거부했다.

"당신 먼저 먹어. 나는 나중에 알아서 먹을게."

하지만 나중에 약을 가져다주면 푸보는 이미 앞서 했던 말은 까맣게 잊은 채 완강히 거부했다. 어쩔 땐 아예 고개를 홱 돌린 채 입을 닫고 버티기도 했다. 이 때문에 매일 아침 식사 후 그에게 약과 영양제를 한 알도 빠짐없이 먹이는 것이 내 하루의 목표가 되어버렸다.

그 알약 몇 개를 먹이기 위해 나는 온 힘을 다해 그를 설득하려고 갖가지 약속을 남발하기 시작했다.

"이 약 먹으면 영화 보여줄게."

"약 먼저 먹어야 서점에 데리고 갈 거야."

"얼른 약 먹어, 마오콩에 곤돌라 타러 가야지!"

"오늘 국부기념관에서 전시회를 한대. 약 먹고 보러 가자."

이런 말들은 그가 약을 삼킬 때까지 계속되었다.

코로나19가 한창 기승을 부리던 시기, 특히나 장년층은 권고에 따라 얌전히 집 안에 머무를 수밖에 없었던 때는 약을 먹이는 일이 점점 험난해졌다. 마치 전쟁과도 같았다. 전쟁에서 이길 승리 작전은 매일 내게 주어진 과업이었다.

시간이 지나자 저녁 식후에는 약을 먹이기가 비교적 수월해졌다. 코로나19로 인한 규제가 다소 완화된 후 그동안 집 안에만 갇혀 있던 시간을 보상받듯 낮에는 되도록 외출하다 보니, 저녁밥을 먹고 나면 피곤이 몰려와 거절할 힘도 없어지는 것이었다.

나는 의사의 동의를 얻어 자기 전에 먹는 수면 유도제를 저녁 식후에 먹는 약과 함께 먹였다. 그렇게 약 먹이는 횟수를 총 세 번에서 두 번으로 줄여 그와 옥신각신할 일을 한 번이라도 없애자는 심산이었다.

그러나 여기에도 약간의 기교가 필요했다.

매일 저녁 우리의 루틴은 원래 이랬다. 6시에 저녁 식사를 마치고 나면 잠시 쉬다가 7시에 산책을 시작해 8시 20분쯤 집에 돌아와 늦어도 9시 전에는 잠자리에 들었다.

푸보가 이 루틴에 따라 6시 반쯤 자기 전에 먹는 수면유도제와 저녁 약을 함께 먹는 경우, 약효 때문에 8시 20분이 채 되기도 전에 정신이 몽롱해져 제대로 걷지 못하고 내게 몸을 기대고는 했다. 그가 넘어질까 봐 걱정되었고 그의 체중을 감당하기도 힘들었다.

나는 7시에 집을 나서기 직전 약을 먹이는 것으로 루틴을 변경했다. 일단 그의 눈이 조금이라도 풀린다 싶으면 8시가 되든 안 되든 곧장 집으로 돌아왔다.

푸보의 망상과 불안정한 행동 증상이 날이 갈수록 심해졌고 더 이상 밤낮을 구분하지 못했다. 신경내과 주치의의 권유로 정신건강의학과에서 진료를 받았는데 그때 의사가 처방해 준 약 중에 물약이 하나 있었다. 이걸 아침저녁으로 5밀리리터씩 스포이트로 덜어 푸보의 입안에 떨어트리라는 것이었다.

새로운 난제였다. 의사에게 물었다.

"만약 그 사람이 입을 벌리지 않으면 어떻게 먹여야 하죠?"

의사는 약을 밥이나 빵, 아니면 과일주스 혹은 탕이나 국에 떨어트려 먹여도 된다고 말했다.

역시 내 예상대로였다. 푸보는 내가 스포이트를 들고 다가가자, 곧바로 눈살을 찌푸리며 자리를 피했다. 절대로 협조하지 않겠다는 뜻이다. 이 약을 어디에 넣으면 좋을까.

아침 식사는 비교적 단출했다. 우리가 매일 먹는 것 중 뜨거운 카페라테와 삶은 달걀 외에도 걸쭉한 과채 퓌레가 있으니 거기에 슬쩍 떨어트리면 문제없었다. 구운 베이글이나 잉글리시 머핀을 먹는 날에는 더 쉬웠다. 빵 속에 잼을 바를 때 그 위로 약을 떨어트리면 감쪽같았으니까!

문제는 저녁때다. 우리는 집에서 오곡밥을 먹었는데, 곡식들끼리 분명히 구별되는 데다 점성이 있는 편도 아니어서 약을 거기에 넣었다가 밥그릇 바닥으로 고이기라도 하면 적정

량을 다 섭취하지 못할까 봐 걱정되었다. 그렇다고 국에 넣자니 그것도 쉽지 않았다. 일단 약물이 희석되고, 푸보가 국물을 다 먹으리란 보장도 없었다.

그나마 예전부터 각자의 식사를 따로 담아 내던 것이 다행이라면 다행이었다. 우리는 식사 때마다 각자의 앞에 밥과 국, 그리고 세 가지 반찬이 놓여 있는 그릇을 따로 두고 먹었다. 나는 그날그날 식단에 따라 약을 채소 위에 뿌리거나 작게 자른 완자 혹은 칼집 내 구운 생선 위에 살포시 떨어트려 놓고는 했다. 그리고 식사 시간이 되면 반드시 그의 맞은편에 앉아, 그가 약을 넣은 음식을 제대로 먹는지 확인했다. 그런 다음에야 안심하고 내 밥을 먹었다.

푸보를 요양기관으로 보내기 전에 나는 그와 함께 심장내과, 신경내과, 그리고 정신의학과를 돌며 진단서와 약물을 받았다. 정신의학과에 갔을 때는 의사에게 단체 돌봄 시 폐가 되지 않기 위해 물약을 알약으로 변경해 달라고 거듭 요청했다.

그에게 약을 먹이는 게 보통 일이 아니라는 걸 잘 안다고 해서, 과도한 참견으로 기관 의료진을 곤란하게 하고 싶지 않았다. 푸보가 요양기관에 들어간 이후 나는 단 한 번도 약 복용에 대해 물은 적이 없다.

그가 집을 떠난 뒤, 나는 잠깐의 휴식 후 그의 서재부터 정리하기 시작했다. 캐비닛을 열자 한가득 쌓여 있는 휴지와 냅킨, 강변에서 산책할 때 주워 온 크고 작은 돌멩이 그리고 깨끗이 씻은 석과○ 씨앗 사이로 그가 10년 넘게 복용해 온 혈압약과 고지혈증약이 셀 수 없을 만큼 잔뜩 쌓여 있었다. 알고 보니 그는 이미 내가 퇴직해서 집에 붙어 있기 전부터 약을 제 내로 먹지 않았던 것이었다!

○ 열대지역 과일로, 석가모니의 두상을 닮았다 하여 붙여진 이름.

병원 가는 날

푸보를 데리고 병원에 가는 게 하루이틀 일도 아니다. 근데 왜 갑자기 말도 안 되는 강적을 만난 것처럼 버겁게 느껴졌을까? 원인을 찾기 위해 병원 가는 날의 일과를 반추해 봤다.

시작은 외출 준비다.

내가 가방을 들고 서재에서 나와 현관문 쪽으로 가면 푸보는 이렇게 물었다.

"어디 가? 나도 같이 가."

내가 '그럼 같이 나가게 신발 신어'라고 말하면 그는 벌떡 일어나 나갈 채비를 했다. 외출 목적이 무엇이든 일단 밖으로 나와 엘리베이터를 탄 뒤 아파트 단지 입구를 지날 때쯤이 되면 그는 다시 질문했다.

"우리 어디 가?"

그럼 나는 다시 대답해 줄 수밖에 없었다.

"병원에 가서 진료받고 약 타 올 거야."

그렇게 같은 질문과 대답이 몇 번이고 반복되었지만, 푸보는 내가 뭐라고 대답하든 하나도 기억하지 못하고 다음 질문을 던졌다.

"어떻게 가는데? 당신이 앞장서."

이 말을 들을 때마다 마음이 아팠다. "당신이 앞장서." 지금껏 몇 번이나 가본 곳이어도 어떻게 가는지 조금도 기억하지 못하는 것이다.

두 번 다시 손을 잡고 나란히 걸을 수 없게 된 후 난 늘 그보다 조금 앞서 걷는 동시에 수시로 돌아보며 그가 제대로 따라오는지 확인했다. 몇 분 안 걸리는 거리를 가는 데도 한참이 걸렸고 건널목이라도 걸을 때는 몹시 불안했다.

다음 단계는 대중교통으로 병원에 가는 것이다.

푸보의 방향감각이 점점 퇴화하는 모습을 보며 나는 일찌감치 운전을 포기했다. 그가 우겨서라도 운전대를 잡으면 다른 운전자들과 시비라도 붙을까 걱정되었고, 그렇다고 내가 운전하면 조수석에 앉은 그의 끊임없는 훈수 때문에 정신 사나울 것이 뻔했기 때문이다. 결국 내게 남은 선택지는 대중교통뿐이었다.

의외였던 건 운전 실력과 방향감각에 남다른 자부심이 있던 그가 대중교통을 이용할 때는 내 뒤에 꼭 붙어 얌전히 따라온다는 사실이었다. 그는 지하철역에 들어가거나 버스에 승차할 때 카드를 반드시 찍어야 한다는 사실을 기억에서 지운 지 오래였다. 그래서 카드를 언제 찍느냐고 내게 묻고 또 물었다. 내가 가르쳐주면, 그는 민망한 듯 "까먹었어"라고 말하면서도 막상 카드를 꺼낼 줄은 몰랐다.

시간이 지나자 그는 카드를 찍어야 한다는 사실을 잊은 것을 넘어, 내가 찍는 순간을 알려줘도 멍한 표정으로 아무 반응도 보이지 않았다. 그 뒤로 나는 버스를 탈 때면 그를 먼저 태우고 뒤따라 차에 오르며 두 장의 카드를 찍었다. 지하철을 탈 땐 먼저 카드를 찍고 그를 들여보낸 후 재빨리 따라붙는 식이었다.

일단 자리에 앉으면 그는 내 손을 꼭 잡은 채 내가 "내리자"라고 말하기 전까진 절대 일어나지 않았다. 그러나 얼마 지나지 않아 불안한 듯 꼼지락대며 "언제 내려?"라고 끊임없이 묻기 시작했다. 혹여라도 내릴 때를 놓칠까 봐 자꾸 자리에서 일어나 멋대로 내리려고도 했다.

병원에 도착해 대기실에 앉아 있을 때도 마찬가지였다. 그는 자신의 차례가 지날까 봐 안절부절못했다. 몇 번이고 내게 번호를 물었으며 화면에 끊임없이 지나가는 대기자 명단 속에서 자신의 이름을 찾았다. 그러다 우리 차례가 되면 갑자기 입을 다물었다. 피를 뽑고 소변 검사를 하고 초음파를 보고 심전도 검사를 할 때도 그는 내가 계속 옆에서 자신을 지켜보길 원했다.

푸보의 치매 증상이 심해질수록 대기실에 앉아 순서를 기다리는 일이 괴로워졌다. 그는 더 이상 대기자 명단이 뜨는 화면을 주시하지 않았다. 왜 대기해야 하며 왜 이렇게 오래 걸리는지도 이해하지 못했다. 한 번을 진득하게 앉아 있질 못하고 끊임없이 나를 조르며 같은 말을 반복했다.

"집에 가자!"

그러고는 벌떡 일어나 병원 밖으로 나가는 것이었다.

나는 그에게 반드시 의사 선생님을 뵙고 처방전을 받아야만 약을 타서 집에 돌아갈 수 있다고 설명했다. 그러자 그가 말했다.

"약을 왜 받아? 그냥 가자! 집에 가자!"

나는 최대한 어르고 달래며 그에게 갖은 약속을 남발했다. 얌전히 기다렸다가 약만 받으면 평소엔 못 먹는 햄버거와 감자튀김도 사주고 커피도 마시고 영화관에도 데려가겠다고 말이다.

하지만 날이 갈수록 이마저 약발이 떨어졌다.

게다가 그가 의사의 질문에도 점점 입을 닫는 탓에 진료 시간의 모든 대화는 나와 의사 사이에서만 이루어졌다. 아니나 다를까, 나중에 관련한 책을 읽었는데 "치매 환자가 병원 진료를 볼 때는 가족이 동행하여 설명해 주는 것이 가장 좋다"라고 적혀 있었다.

푸보는 날이 갈수록 혼자서는 아무것도 못 하는 사람이 되었다. 그와 동시에 안정감도 점점 사라지면서 나에게 의지하는 부분 역시 커졌다.

진료가 끝난 후, 진료비를 수납하고 약을 처방받는 모든 단계에서 줄 서기는 필수다. 걸리는 시간도 제각각이었다. 하지만 이 단계에 이를 즈음에는 우리가 집에서 나온 지 이미 몇 시간이 지난 후였다. 줄을 서서 조금씩 이동할 때는 그나마 괜찮지만, 얌전히 서서 약을 기다리고 있을 때는 그가 순식간에 나가버릴까 봐 조마조마했다.

화장실도 가야 했다. 그가 화장실에 가고 싶다고 말하는 것조차 잊었을까 싶어서 한 시간에 한 번씩 남자 화장실에 데리고 갔다. 하지만 내가 아무리 "이따 문 앞에서 만나자"라고 신신당부해도 볼일을 마친 그가 얌전히 있으리란 보장이 없었다. 내가 여자 화장실에서 나와 아무리 찾아도 그가 보이지 않는 바람에 남자 화장실까지 쳐들어가 그의 이름을 부른 적도 여러 번 있었다.

내가 밖으로 나왔을 때 저 멀리 혼자 걸어가고 있는 그를 발견한 적도 있었다. 너무 놀라 식은땀이 흐르는데 다리는 왜 또 내 마음대로 움직이지도 않는지! 그 이후 나는 내 생리적 욕구는 완전히 포기하고 그가 나오자마자 날 찾을 수 있도록 남자 화장실 앞에 서서 기다렸다.

푸보가 요양기관에 들어간 이후, 그는 병원 진료가 있는 날이면 요양기관의 특약 택시를 타고 병원에 와서 나를 만났다. 하지만 입소하고 반년이 지나기도 전에 푸보는 세 번의 응급 진료를 받았고 한 달 남짓의 입원까지 했다. 입원할 때쯤에 그는 이미 글자를 읽지도 쓰지도 못하는 상태였다. 퇴원 후에는 병원에 가려면 교통수단을 이용해야 한다는 사실 자체를 이해하지 못했다. 언어 능력 또한 거의 소실되어 그 어떤 검사에도 협조할 수 없었다.

이런 상황에서 내가 택한 절충안은 요양기관과 병원의 협력 형태로 검진 방식을 바꾼 것이다. 건강보험에서 지원하는 치매 약물 및 필수 정기검진을 제외한 일반적인 피검사는 요양기관의 보건실에서 실시한 후 샘플을 병원으로 보낸다. 정기 외래 진료의 경우 요양기관 간호사가 서면 보고서를 작성하여 보내면 주치의와의 소통을 통해 처방전을 받고 약은 대리인이 수령하는 방식이다.

진료나 검진은 사지가 멀쩡한 사람이나 정신이 건강한 사람에게는 간단히 처리하고 넘어갈 수 있는 일이다. 설령 움직임이 자유롭지 못한 환자라 해도 휠체어나 택시, 구급차 등 다른 방법이 있다.

그러나 치매 환자에게는 병원 진료나 정기검진은 불가능한 임무에 가깝다. 모든 가능성을 대비해야 하며, 수시로 이를 조정하고 대응해야 한다. '강적을 만났다'는 표현이 조금도 과장이 아니다.

요양기관 입소 전야

2022년 10월 17일. 그와 마지막으로 집에서 함께 보내는 날이었다.

언제부터일까? 우리의 고통이 시작된 때가. 그는 이해할 수 없고 말할 수 없고 협조할 수 없어서 고통스럽고, 나는 그런 그를 보는 게 가슴 아프고 막막해서 고통스러웠다.

푸보는 정신이 온전치 못한 환자가 된 후로 바깥 세계의 그 무엇에도 더 이상 의미를 두지 못하는 듯 보였다. 그리고 그런 환자의 보호자가 된 나는 그의 일상, 개인위생 및 영양 상태를 유지하느라 숨 쉴 틈 없이 살며 오랜 불면증, 설사, 갑

작스러운 체중 감소 및 만성 피로에 시달리고 있었다.

세상에 대한 흥미가 사라진 그는 아무 일도 하지 않은 채 그저 소파에 가만히 앉아 불빛이 번쩍이는 텔레비전 화면을 멍하니 바라보거나, 밤낮 가리지 않고 집 안 곳곳을 아무 목적 없이 어슬렁댔다. 자기 집의 거실 주방, 서재와 안방의 용도조차 구분하지 못했고 밤낮이 따로 없었다. 이런 연유로 나는 밤잠을 설치기 일쑤였다. 그는 시도 때도 없이 이렇게 물었다.

"왜 밥을 아직도 안 줘?"

외출복을 입은 채로 침대에 눕거나, 한밤중에 모자와 가방까지 챙겨 내가 있는 서재에 쳐들어와 다짜고짜 불을 켜기도 했다. 바닥에 이부자리를 깔고 누워 어렵게 잠들려다 눈이 부셔 벌떡 일어난 내게 이렇게 말했다.

"나 산책 갈 거야."

언제부터인지 몰라도 집 안의 커튼, 카펫, 심지어 맨바닥이나 침대 위 등 그가 눕거나 볼일을 볼 수 있을 만한 장소에는 어김없이 용변의 흔적이 보였다. 그때쯤 이미 숙면은 포기한 나는 매일 밤 마음을 졸이며 그를 찾아다녔다. 그럴 때마다 그는 태연자약하게 책상에 엎드려 쿨쿨 코를 골거나, 벌거벗은 채로 갓난아기처럼 몸을 웅크리고 화장실 타일 바닥에 누워 잠들어 있었다. 심지어 변기에 앉아 몸을 이리저리 비틀대며 자고 있던 적도 있었다.

그에게 아무리 양치와 세안, 면도를 하라고 말해도 소용없을 때쯤엔 아침저녁으로 치약을 묻힌 칫솔과 수건을 들고 졸졸 쫓아다니며 애써 부드러운 목소리로 타이르는 게 일상이 되었다. 그가 양치와 세안을 했는지가 내 일상의 중대한 목표였다. 목표를 달성하지 못하면 그날은 못 견디게 마음이 불편해졌고, 일단 달성하고 나면 숨 돌릴 틈도 없이 또 새로운 하루가 시작되었다. 이런 생활이 점점 버거워지면서 '좋아, 양치를 하루쯤 건너뛴다고 별일이야 있겠어?'라며 남몰래 회피하기도 했다. 그랬던 것이 식사를 건너뛴다거나, 양치를 사흘쯤 안 하는 식으로 변해가자 나는 어쩔 수 없이 발을 동동 구르며 다시 푸보 뒤를 졸졸 쫓아다녔다. 하지만 마음이 초조할수록 목표 달성은 힘들어졌다.

날이 갈수록 양치, 세안, 간단한 샤워나 목욕, 옷 갈아입기, 심지어 화장실에서 볼일 보기를 하는 것 자체가 절대 불가능한 임무로 여겨졌다.

식사 역시 마찬가지였다. 하루에 세 번씩 매끼 정해진 시간에 영양 균형을 맞춘 식단으로 아무리 챙겨도, 그걸 먹을지 말지는 온전히 그의 선택에 달려 있기에 예측할 수가 없었다. 밥상을 차려놓으면 갑자기 "난 이미 먹었어" 혹은 "이따가 먹을게"라고 말하기도 했고, 식사할 때가 되지도 않았는데 "밥 안 줘?"라고 묻기도 했다.

  식사와 간식을 먹이는 일보다 더 어려운 게 바로 약을 먹이는 일이었다. 앞에서 썼듯이 식후와 자기 전에 그에게 그 많은 알약과 캡슐, 물약까지 먹이는 일은 식사와는 비교할 수 없을 만큼 힘들었다.

"이게 뭐야?"

"당신 약이지."

"장난하지 말고. 나처럼 멀쩡한 사람이 왜 약을 먹어?"

"맞아, 사실 이건 비타민이야."

"비타민을 뭐 하러?"

"몸에 좋은 영양제야! 매일 챙겨 먹어야 해."

"난 먹었어."

언제나 규칙적으로 생활했던 푸보는 언제부턴가 먹고 싶으면 먹고 자고 싶으면 자기 시작했다. 나는 그 옆에서 먹지도 자지도 못하며 무기력하고 불안한 날들을 억지로 버티며 살아가고 있었다. 우리에게 규칙적인 생활이란 이미 과거가 되어버렸다.

  집에서 온종일 푸보를 쫓아다니며 돌본 지 약 4년이 지났을 때, 내 상황을 전해 들은 옛 직장 동료가 연락을 해왔다. 친척 중에 수년째 요양기관을 운영하는 사람이 있어 가정에서 치매 환자를 돌보는 일이 얼마나 힘든지 안다며 푸보를 전문 인력이 있는 기관에 맡기는 게 어떻겠냐고 말이다.

그를 보내는 게 영 내키지 않았지만, 당시 이미 일흔두 살이었던 나는 한편으로 '앞으로 내가 푸보를 얼마나 더 돌볼 수 있을까'라는 현실적인 문제와 직면할 때가 왔다고 생각했다. 미국에 있는 딸 란란과 상의해 보기로 마음먹었다.

란란은 몇 해 전 미국에서 학업을 마친 후 직장을 다니며 자리를 잡아서, 집에는 한 해에 한 번 정도 오고 있다. 어릴 때부터 당차고 독립적이며 자신감 넘치고 이성적이었던 딸아이는 고민거리가 생겨도 침착하게 대응하고 다각도로 사고할 줄 아는 아이였다. 그래서 우리와 소통하는 데도 전혀 어려움이 없었다.

란란은 주말마다 이틀 연속으로 먼저 전화를 걸어와 우리와 수다를 떨었다. 매주 토요일은 내가 어머니를 뵈러 가는 날이었기 때문에 아빠랑만 통화를 했다. 도우미의 말을 들어보니 평소엔 과묵하기만 한 푸보가 란란의 전화만 받으면 금세 얼굴에 웃음꽃이 펴서 그렇게 즐겁게 떠들 수가 없었단다. 그러다 일요일에 다시 란란의 전화가 오면 "엄마 바꿔줄게!" 하고는 내 옆에 앉아 흐뭇한 표정으로 우리 모녀의 대화를 듣는 것이었다.

그러던 푸보가 딸과 통화를 하지 않았다. 어쩌다 전화를 받아도 같은 말만 반복할 뿐이었다. 그러나 내게는 매주 일요일 란란과의 통화가 여전히 마음의 위안이었다. 거친 파도 위에 간신히 버티고 있는 작은 배 한 척처럼 늘 초조하고 무기력한 내게 란란의 따뜻하지만 강인한 목소리는 그야말로 밧줄과 닻이었다.

수화기 너머로 자책감에 차마 먼저 말을 꺼낼 수 없어 머뭇대는 내게 눈치 빠른 란란이 먼저 입을 열었다.
"엄마, 엄마가 그동안 아빠를 얼마나 정성스레 보살펴 왔는지 잘 알아요. 아빠를 보내는 게 쉽지만은 않은 것도요. 하지만 이대로는 얼마 못 갈 거예요! 엄마가 건강해야 아빠도 안심하고 계속 엄마한테 의지하죠. 이대로 아빠를 계속 집에서만 돌보다간 엄마가 먼저 쓰러질지도 몰라요. 아빠를 요양기관에 보내는 것만이 엄마가 다시 건강을 회복하는 방법이에요."
이런 식의 확신을 몇 번이나 받은 후에야 나는 푸보를 장기 요양기관에 보낼 결심을 굳히고 본격적인 신청 작업에 돌입했다.

8월쯤, 우리는 푸보가 두 달 후에 입소 가능하다는 통지를 받았다. 당시 란란은 코로나19 때문에 3년째 집에 오지 못한 상황이었다. 란란에게 아빠가 10월에 입소한다는 사실을 알리며 그 전에 세 식구가 모일 수 있도록 집에 들렀으면 좋겠다고 말했다. 란란은 즉시 비행기표를 예약하고 방역 호텔을 알아본 다음 9월 말 마침내 대만에 도착했다.

푸보는 자기 딸을 알아보지 못했다.

란란은 방역 호텔에서 만 7일을 꼬박 채운 뒤에야 낮에 외출 허가를 받고 밖으로 나올 수 있었다. 출국한 지 2년이 넘어 호적 갱신이 필요한 란란을 위해 구청 앞에서 만나기로 했다. 란란은 나와 푸보를 발견하자마자 제 아빠를 향해 큰 소리로 외쳤다.

"아빠(Daddy)!"

푸보는 아무 반응이 없었다.

볼일을 마친 후 함께 구청을 나설 때였다. 란란은 언제나 그랬듯이 계단을 내려가기 전 푸보를 부축하기 위해 팔짱을 꼈다. 그런데 푸보는 매우 어색한 표정으로 자신이 사랑해 마지않는 딸을 슬쩍 밀어내는 것이었다.

란란은 자신이 3년 만에 집에 돌아온 데다 모자, 선글라스에 마스크까지 쓰고 있어서 아빠가 알아보기 어려웠을 거라고 말하며, 다음 날 점심 식사를 하러 집에 왔을 때는 들어오자마자 모자와 선글라스, 마스크를 모조리 벗어 던지고 푸보에게 인사를 건넸다. 그러자 며칠 후에는 란란이 집에 들어오면 푸보가 눈을 빛내고 입가에 미소까지 슬쩍 지었다.

나는 부녀가 서로를 마주 보며 미소 짓는 따스한 장면을 볼 때마다 휴대폰으로 사진을 찍었다. 그리고 이것을 편의점에 가져가 현상한 후, 푸보가 요양기관에 입소할 때 가져갈 짐가방에 함께 챙겨 넣어두었다.

하지만 푸보가 집에서 보낸 마지막 며칠은 그의 몸에 묻은 용변을 닦는 것만으로도 나와 딸 란란, 그리고 도우미까지 달려들어 안간힘을 써야 했을 정도여서, 그를 어디 데리고 나가는 건 꿈도 꾸지 못했다. 무언가 이해할 수도 없고 알아듣지도 못할 일을 강요받을 때, 자신을 지키기 위한 저항의 힘은 사람을 산처럼 강하고 우직하게 만드는 법이었다.

생각해 보라. 세 명의 여성이 자신을 둘러싸고 하의를 벗기려 들 때 그가 얼마나 불쾌했을지. 벗기는 걸 실패한 우리의 좌절감 또한 날이 갈수록 쌓여만 갔다. 결국 우리는 두 사람이 그를 못 움직이게 붙잡는 사이 나머지 한 명이 가위로 옷을 아예 잘라버리는 방법을 쓸 수밖에 없었다.

사실 그를 붙잡고 옷을 잘라버리는 일은 나와 도우미에게는 이미 일상이 된 지 오래였다. 하지만 이 지경이 되고 난 다음 처음으로 돌봄에 참여한 란란은 얼마나 충격적이고 비통했을까. 자신을 누구보다 사랑해 주고, 한 번도 큰 소리로 혼내거나 눈살 찌푸린 적조차 없는 아버지가 자신의 옷을 갈아입혀 주는 어머니와 도우미 앞에서 마치 헐크처럼 괴팍한 괴물이 되어버리다니 말이다.

치매 환자를 돌본 경험이 없는 친구들은 좋은 마음이랍시고 '왜 성인용 기저귀를 사용하지 않느냐'는 둥 내게 온갖 조언을 건넨다.

그들은 모른다. 이 정도로 진행된 치매 환자는 이미 다른 사람의 지시를 듣고 협조할 수 있는 상태가 아니라는 것을. 환자들은 누워 있든 서 있든 두 손으로 상대를 밀치거나 몸부림을 치는 식으로 극렬히 거부하기 때문에 기저귀를 입히기란 불가능에 가깝다.

푸보가 집에서 보내는 마지막 날 밤, 그날이 가정 돌봄의 최고 난도를 겪게 되는 날이 되리라고는 아무도 예상치 못했다. 그날 우리 네 명은 그 누구도 잠들지 못했다.

밤새 극도의 흥분 상태였던 푸보는 속이 불편했는지 몇 번이고 용변을 보았고, 그때마다 옷을 갈아입어야 했다. 오후에 전쟁처럼 치른 목욕은 이미 소용없어진 지 오래였다. 입소 당일의 해가 밝았을 때쯤 우리는 또다시 그의 하의를 가위로 잘랐고, 그는 선 채로 몇 번째인지도 모를 용변을 보았다.

예전부터 이런 일이 생길 때면 그의 다리에 묻거나 밟아서 청소하기 힘들어질까 봐 용변을 최대한 손으로 받아내곤 했다. 그런데 그날은 내가 미처 손을 뻗기도 전에 이런 일을 겪어본 적도 없는 란란이 먼저 아무 망설임 없이 본능적으로 손을 뻗어 받아내는 것이었다. 그 순간 울음이 터졌다. 눈물이 앞을 가리는 와중에도 아빠를 향한 딸의 사랑이 보였다.

결국 우리는 지쳐 쓰러지기 직전이 되어서야 푸보를 간신히 잡아 화장실의 투명 샤워부스에 기대 앉히는 데 성공했다. 그렇게 내가 뜨거운 물로 그의 하체를 씻길 수 있었다.

시간은 이미 오전 9시가 가까워져 오고 있었다. 우리는 하의가 발가벗겨진 푸보를 부축해 침대식 의자에 눕히고 얇은 이불을 덮어줬다. 그가 잠든 사이, 나는 얼른 집 근처에서 팬티 타입의 성인용 기저귀를 사 와서 그에게 입혔다. 그가 처음으로 사용한 성인용 기저귀였다. 적어도 점심 식사 후 요양기관으로 가는 도중에 차 안에서 용변 사고가 나지는 않겠다 싶어서 얼마나 다행스러웠는지 모른다.

요양기관에서 안내받은 입소 시간은 오전 10시 혹은 오후 2시였는데, 나는 아침에 차가 막힐 것을 우려해 오후 시간으로 골랐다. 혹시라도 가는 도중 예상치 못한 일이 생길까 싶어 직접 운전하거나 택시를 부르는 대신 젊고 예의 바른 친구 한 명에게 운전을 부탁해 두었다. 또한 짐을 바리바리 챙겨 들고 밖에 나가면 푸보를 제대로 챙길 수 없을 게 뻔하기에 그의 옷가지 등은 우편으로 미리 기관에 보내놓았다.

점심 식사 후, 운전해 주기로 한 친구가 도착했다. 란란과 내가 함께 있어서 그런지 푸보는 순순히 우리와 같이 차에 올라탔다. 그렇게 우리는 목적지까지 아무 말 없이 이동했다.

그날은 딸 란란이 앞으로 제 아빠가 오랫동안 지낼 장소를 처음 본 날이기도 했다. 그 애는 넓은 숲과 기관 곳곳에 있는 나무들에 무척 만족하며, 다소 낡고 오래된 방에 대해서는 개의치 않았다. 아빠는 넓은 야외에서 산책하는 것을 좋아하니까 방은 넓고 깨끗하고 살기 편하기만 하면 된다고 말이다.

모든 수속을 끝내고 돌아갈 시간이 되었다. 푸보는 안내하는 직원을 따라 격리 공간으로 가는 내내 우리에게 눈길 한번 주지 않았다. 그의 기억은 자신이 집을 떠나왔다는 사실도, 배우자와 딸과 곧 헤어진다는 사실도 기억 못 할 만큼 퇴화한 상태였다. 그날은 그저 까맣게 잊어버릴 수많은 하루 중 하나에 불과했다.

그리고 그날은 나의 생일이었다.

우리 모녀에게 이날은 영원히 기억될, 마음 깊이 새겨진 아픔이다.

3장

노래를 들으며

퇴직 후 나는 아파트 커뮤니티에서 노래를 배우기 시작했다. 중국어 혹은 대만어로 된 여러 유행가였다. 노래의 세계에 발을 들이게 된 나는 유튜브로 예습, 복습을 하며 푸보를 보살피는 일상에서 잠시나마 벗어나 숨을 돌렸다.

그러다 하루는 무심코 홍콩의 인기 가수 천이쉰의 「오랜만이야」라는 노래를 틀었는데, 아름다운 멜로디에 서정적인 가사가 더해진 그 노래를 듣자마자 흠뻑 빠져들었다. 그렇게 한참을 듣다가 나도 모르게 눈물이 흘러 흠칫 놀랐다. 설마 우울증이 재발한 건가?

다행히 그것은 아니고 노래 가사에 마음이 동한 것이었다.

홀연히 나타나줄 수 있나요.
저 코너를 돌면 보이는 카페에.
그럼 웃는 얼굴로 인사하며 당신과 마주 앉아
이야기 나눌 텐데.
얼마나 보고픈지, 어떻게 변했는지.
옛날이야기는 접어둔 채 인사 한마디만.
그저 당신에게 인사 한마디만 건네고 싶어요.
오랜만이야.

특히 '홀연히 나타나줄 수 있나요. 저 코너를 돌면 보이는 카페에'라는 가사에 속절없이 눈물이 흘렀다. 이 부분을 듣는 순간 푸보와 보낸 40여 년의 세월 속 수많은 약속들이 떠올랐다. 버스 정류장 표지판 아래, 지하철역 출구, 식당 문 앞, 호텔 로비, 회의장 입구, 공항 출국장…… 오가는 사람들 속에서 눈이 마주친 우리 두 사람이 활짝 웃으며 서로를 향해 다가가던 모습이 펼쳐졌다.

푸보를 요양기관으로 보내던 날, 그가 진정되자 직원은 나와 딸에게 이만 가도 좋다고 말했다. 나는 요양기관이 집에서 다소 먼 탓에 면회는 일주일에 한 번만 오겠다고 말했다.

그러자 직원은 너무 급하게 생각지 말라며, 푸보의 정서적 안정을 위해 당분간은 기관에 적응할 시간을 주는 게 좋겠다고 했다. 직원들에게도 푸보의 습관과 요구를 알아가는 시간이 될 거라고 말이다.

다음 날 아침, 미국으로 돌아가는 딸을 배웅하느라 공항에 갔다 돌아온 그 순간부터 푸보가 없는 생활이 시작되었다. 나는 그가 적응은 잘하고 있는지 걱정되어 전전긍긍하며 2주를 보낸 뒤에야 면회를 신청할 수 있었다.

두 주일 동안 나는 불면증, 불안증, 그리고 체중이 너무 빠져 종잇장처럼 변해버린 몸을 위해 정신의학과 진료를 받았다. 더불어 30년 지기이자 치매 전문의인 친구의 초대를 받아 밖에서 점심 식사도 했다. 그 친구는 푸보가 머무는 기관에 대해 여러 가지를 자세히 물었다. 나는 그녀에게 기관에서 거의 매일 사진과 영상을 보내주고 푸보가 어떻게 생활하는지 자세히 알려주고 있다고 말했다.

친구는 첫 면회를 가게 되면 푸보에게 두 가지 질문을 꼭 하라고 했다. 하나는 내가 누군지 묻는 것이고, 다른 하나는 여기가 어딘지 묻는 것이었다. 나중에 다시 만나 그가 어떻게 대답했는지 알려달라고 했다.

더 이상 푸보를 돌보느라 체력을 소진할 필요가 없어졌지만 내 안의 불안과 걱정은 좀처럼 사그라들지 않았다. 혹시나 그가 적응하지 못해 집으로 돌아올 때를 대비해 집 안 어느 곳에도 변화를 주지 않았다.

어떻게 보냈는지 모를 2주가 흐른 후, 나는 두근거리는 마음을 안고 면회를 갔다. 코로나19로 방문객들은 면회실 이외의 곳에 함부로 다닐 수가 없었다. 초조한 마음으로 면회실 입구에 서 있는데 직원이 푸보를 데리고 복도 저 끝에서부터 나를 향해 천천히 걸어오는 모습이 보였다.

나는 조명 빛을 마주 보고 서 있던 탓에 푸보가 바로 앞까지 온 후에야 그의 표정을 자세히 볼 수 있었다. 반면 그는 내 얼굴을 일찍이 보고 있었을 텐데도 나를 향해 그저 예의 바른 미소를 지어 보이며 아주 작은 소리로 인사를 건넸다.

"안녕, 오랜만이야."

그 순간 눈치챘다. 그는 내가 누군지 알아보지 못했으며 그저 오랜만에 만난 친구 정도로 알고 있는 것이었다. 아무리 오래 떨어져 있다가 다시 만나도 이제껏 '오랜만이야'라고 내게 인사한 적은 단 한 번도 없었다. 그런 인사는 오랜만에 만난 친구에게 말문을 열 때나 쓸 법한 인사였다.

섭섭함에 눈시울이 붉어졌다. 애써 아무렇지 않은 척하며 푸보에게 물었다.

"내가 누군지 알겠어?"

하지만 그는 여전히 예의 바른 미소를 지어 보일 뿐이었다. 그때, 함께 온 요양보호사가 말했다.

"선생님, 누군지 모르시겠어요? 사모님이 오셨잖아요."

요양보호사는 그의 주의를 끌어내기 위해 거듭 말했다.

"여기 부인분 오셨어요. 선생님 부인이요. 아내분이 선생님 보러 오셨네요. 아침에 말씀드렸죠? 오늘 면회 오신다고. 선생님도 무척 기뻐하셨잖아요."

푸보는 여전히 미소 띤 얼굴로 아무 말도 하지 않았다.

나는 평생 직장 생활을 했고, 상사도 거의 없는 최고 직위에 있던 터라 내가 누군가의 '사모님'이나 '아내'로 소개되는 것은 무척 생경했다. 고상하고 예의를 중시하는 푸보지만 그도 '아내, 남편' 같은 호칭을 좋아하지 않는다고 진지하게 말한 적이 있다. 이 때문에 우리는 서로를 이런 호칭으로 불러본 적이 없다. 그나마 그가 이해할 만한 호칭은 '부인' 정도였지만 지금은 이 말을 들어도 아무 반응이 없다. 애초에 그 무엇도 알아듣지 못하는 상태인 듯했다.

내가 그의 손을 잡고 다시 한번 웃으며 말을 걸었다.

"내가 누구야?"

그가 알아봐 주길 간절히 바랐지만, 그는 여전히 웃기만 할 뿐 한마디도 하지 않았다. 그저 누군가 찾아와 준 것만으로도 기분이 좋을 뿐이었다.

이다음에도 나는 푸보에게 '여기가 어디냐'는 질문을 몇 번이고 하고 또 했지만, 그는 단 한 번도 대답하지 않았다.

펜을 꺼내 내 이름 석 자를 종이에 적어 그에게 건넸다. 그는 세상에서 가장 익숙해야 마땅할 그 이름을 한 자 한 자 또박또박 읽었다. 하지만 다 읽은 후에는 여전히 아무런 반응이 없었다.

내가 다시 물었다.

"당신 이름이 뭐야?"

돌아오는 건 예의 바른 미소뿐이었다.

그가 낯선 환경에 적응하지 못하고 집으로 돌아간다고 난동을 피우진 않았을까 걱정된 나는 직원에게 푸보가 그런 적이 있는지 물었다. 직원은 한 번도 그런 적이 없다고 대답했다.

그 순간 확신할 수 있었다. 푸보가 자신이 누군지, 나는 또 누군지, 그리고 자기가 지금 어디에 있는지 완전히 잊었다는 사실을.

내가 그의 손을 잡자, 그도 내 손을 마주 잡아주었다. 하지만 내가 그를 안으려 몸을 가까이 기대자 그는 웃는 얼굴로 슬쩍 몸을 빼며 거리를 유지하려 들었다. 가슴이 미어지는 고통이 밀려왔다.

그는 이제 나를 모른다. 내가 자신에게 어떤 존재인지, 자신이 지금 어디에 와 있는지, 자신의 원래 집은 어디였는지도. 그런 그의 마음속에 이제 무엇이 남아 있을까? 우리의 딸은 기억하고 있을까? 아직도 그리워하는 무언가가 있을까?

집으로 돌아온 나는 무기력하게 눈물만 흘렸다. 수면제를 먹고 자도 여전히 시시때때로 화들짝 놀라 잠에서 깨곤 했다.
그러다 딸과 통화 중 울며 하소연했다.
"네 아빠가 나를 못 알아봐. 자기가 누군지, 어디에 있는지도 모르더라! 그 사람에게 남은 건 뭘까? 우리가 사랑한다는 사실을 알고는 있을까? 우리를 잊어버리고, 우리의 사랑까지 기억 못 하면 어쩌니? 네 아빠 혼자 익숙지 않은 곳에서 모르는 사람들에 둘러싸여 있으면 외로울 텐데. 불쌍해서 어쩌면 좋니?"
그러자 수화기 너머 내 말을 가만히 듣고 있던 딸 란란이 따뜻하지만 단호한 말투로 말했다.
"엄마, 너무 슬퍼 마세요. 아빠 반응을 그렇게 담아두지 않으셔도 괜찮아요. 우리는 지금처럼 계속 아빠를 사랑하고 있으면 돼요. 아빠도 우리가 사랑한다는 걸 알고 계실 거예요. 분명 그래요. 말로 표현하지 못할 뿐. 엄마는 엄마의 삶을 사세요. 진료도 받고 약도 잘 먹으며 건강 회복에만 집중하는 거예요. 힘내서 아빠를 계속 사랑할 수 있도록, 아빠가 믿고 의지하는 사람이 계속 되어줄 수 있도록요."

아! 하나뿐인 내 딸이 언제 이렇게 컸을까? 그 애에게도 아빠는 자신을 가장 사랑해 주고 또 자신이 가장 사랑하는 세상에 하나뿐인 존재일 텐데, 이토록 침착하게 나를 위로하고 기댈 곳이 되어주다니.

비록 몸은 천리만리 떨어져 있지만 마음만은 서로 꼭 붙어 한시도 떨어져 본 적 없는 우리 모녀다.

무심코 들은 노래 때문에 한동안 안정되어 있던 마음이 무너졌지만, 나는 여전히 그 노랫말이 정말 좋다. 그 노래를 들을 때면 지난 시절 건강하고 늠름했던 푸보의 활짝 웃는 얼굴이 떠오르고는 한다.

노래를 반복해 듣는 동안 몇 번이나 그리움에 빠져들었지만, 그렇다고 또다시 눈물을 흘리거나 슬픔과 불안 때문에 마음이 무너지고 싶지는 않았다. 어떻게 하면 좋을까?

그때 문득 미국 유학 시절 푸보가 유난히 좋아하던 김용의 무협 소설이 떠올랐다. 푸보는 감기에 걸려 열이 펄펄 나도 운동할 시간이 되면 어김없이 나가서 뛰었다. 그러면서 이를 이독공독○ 권법이라며, 한껏 땀을 빼면 괜찮아진다고 말

○ 독으로 독을 공격한다는 뜻으로, 악을 물리치기 위해 더 큰 악을 이용하는 것.

했다. 나는 그 말에 썩 동의하진 않았지만 그를 말릴 수는 없었다. 그저 그게 무슨 말도 안 되는 소리냐며 투덜댔을 뿐.

나는 유튜브로 「오랜만이야」를 찾아 틀고 혼자 따라 부르기 시작했다. 그렇다. 들을 때마다 나를 울리는 이 노래를 꼭 배워서, 치매에 걸리기 전 푸보가 떠오를 때마다 이 노래를 부르며 기억 속의 그를 그리워하기로 한 것이다.

나는 눈물을 훔치며 노래를 불렀다. 나를 위해서, 그리고 들을 수 없고, 들어도 모를 푸보를 위해서. 다시는 이 노래를 들으며 울지 않으리라.

입원

요양기관 입소 서류에는 가족과 기관은 '공동 돌봄' 관계라는 사실이 상세히 명시되어 있다. 기관에 있는 동안에는 전문 인력이 책임지고 돌보지만, 병원 치료나 입원 등이 필요한 경우에는 가족이 책임을 이어받는다는 뜻이다. 푸보는 요양기관에 입소한 후 반년이 채 되지 않는 기간 동안 응급실 신세를 세 번이나 졌으며 한 달간 입원까지 했다. 그때마다 유일한 가족인 나는 공동 돌봄을 시험받는 기분이었다.

첫 번째 응급실 방문은 입소 후 약 한 달 후쯤인 11월의 어느 날이었다. 매서운 바람이 불던 새벽 4시에 한 통의 전화가 걸려 왔다. 푸보의 혈압이 갑자기 상승하고 미열이 나는 데다 의식이 혼미하여 구급차를 불러야 할 것 같으니 곧장 응급실에서 만나자는 이야기였다. 두근대는 가슴을 애써 누르며 마침내 내 차례가 왔음을 실감했다.

푸보는 요양기관 입소 전까진 응급실 신세를 져본 적이 한 번도 없다. 입소 후 처음 몇 주는 기관 측에서 내가 그를 얼마나 걱정하는지 알아준 덕분에 시시각각 사진과 영상을 보내주었다. 나는 그가 밥도 잘 먹고 공놀이, 산책, 색칠 공부, 종이접기 심지어 간호사들과 짝을 지어 춤까지 추는 등의 다양한 단체 활동에 참여하는 모습에 놀라면서도 내심 감동했다. 그러나 초반 적응기의 안정적인 모습은 가을이 지나고 기온이 점점 떨어지면서 한 달 남짓 만에 끝나버렸다.

찬 바람 부는 새벽, 푸보와 나는 응급실 앞에서 다시 만났다. 오랜만에 나를 봤는데도 그는 아무 반응이 없었다.

코로나19로 병원 출입 통제가 삼엄해진 탓에 환자 한 명당 보호자 한 명만이 동행할 수 있었다. 나는 구급대원이 건네주는 커다란 가방을 받아 들고 푸보와 함께 응급실로 들어갔다. 가방 안에는 요양기관에서 푸보를 위해 준비해 준 세면도구와 갈아입을 옷, 매일 먹을 약 그리고 성인용 기저귀가 들어 있었다.

푸보는 당연하게도 응급실 의사의 질문에 전혀 대꾸하지 않았다. 의사는 내 설명을 듣고 체온을 잰 후 푸보에게 필요한 검사에 대해 설명했다. 그는 피검사, 흉부 엑스레이, 그리고 복부 초음파를 받아야 했다. 나는 푸보에게 검사를 받게 하는 일이 얼마나 힘든지 잘 알고 있었지만 어떻게든 협조해야만 했다. 아니나 다를까, 그는 손을 뻗어 피를 뽑는 데까지는 순수히 협조했지만, 피 뽑은 부위를 5분간 누르고 있으라는 지시에는 귀신같이 귀를 닫았다. 그렇다고 내가 대신 눌러주자니 그것도 피하기만 해서 그대로 내버려둘 수밖에 없었다. 엑스레이와 초음파 역시 여러 번의 헛수고 끝에 내가 함께 검사실에 들어가고 나서야 간신히 끝이 났다.

응급실로 돌아온 푸보는 잠시 주변을 두리번거리더니 갑자기 발작하기 시작했다. 의사가 이를 보더니 진정제를 투여하고 신체 결박을 지시했다. 푸보의 발작과 불안을 어떻게 해줄 수 없는 나는 동의서에 서명 후 침대에 손발이 묶여 옴짝달싹할 수 없는 그를 지켜볼 수밖에 없었다.

점심시간이 되어 나는 그가 좋아하는 햄버거와 감자튀김 그리고 뜨거운 커피를 사 왔다. 이것으로 잠시나마 그의 안정된 미소를 볼 수 있었다. 하지만 식사를 끝낸 그가 돌연 정맥 주사 바늘을 뽑고 한바탕 난동을 부린 탓에 결국 다시 결박되었다.

응급실에서는 그를 진정시키고 평소대로 약물을 복용하면서 앞서 진행한 세 가지 검사의 결과가 나올 때까지 기다려야 다음 단계로 넘어갈 수 있었다.

그동안 푸보의 기저귀를 몇 번이나 갈아야 했는지 모른다. 물론 푸보는 내가 왜 그의 바지를 자꾸 벗기려 드는지 이해하지 못한 채 고래고래 소리를 지르며 온몸으로 반항했다.

"왜 그래? 하지 마!"

그렇게 그는 죽을힘을 다해 반항하며 나를 손발로 차고 때렸다. 묶여 있는 상태에서도 이 정도인데, 손발이 자유로운 상태였다면 얼마나 더 세게 때렸을까? 이게 바로 기관에서 설명한 '폭력 성향'인가 보다. 얼른 간호사들에게 도움을 요청한 나는 다행히도 남자 간호사의 협력 아래 차츰차츰 임무를 완수할 수 있었다.

다음 날 점심때쯤 마침내 검사 결과가 나왔다. 모두 정상이었다. 의사는 갑자기 내려간 새벽 기온에 혈압이 갑자기 높아져 혈관 벽이 제때 반응하지 못한 것이라고 했다. 그러면서 두 가지 선택지를 주었다. 하나는 즉시 퇴원하는 것이고, 다른 하나는 응급실에서 하루 더 관찰해 보는 것이었다.

푸보가 응급실에서는 계속 불안해하고 제대로 쉬지 못하는 것 같아 퇴원을 선택하고 요양기관에 연락했다. 요양보호사가 그가 먹을 식사를 준비해 두겠다고 답했다. 택시를 부르고 퇴원 수속을 마친 뒤 그를 기관에 데려다줄 준비를 했다.

택시는 시간에 딱 맞춰 응급실 앞에 도착했다. 요양기관과 특약한 택시로 매우 정직하고 다정한 중년의 기사님이 운전해 주었다. 지난 10여 년 동안 요양기관 입소자들을 태우고 병원을 오간 경험이 매우 풍부한 분이었다.

휠체어를 타고 나온 푸보는 활짝 열린 택시 뒷좌석 문 앞에 버티고 서서 탑승을 거부하기 시작했다. 아무리 어르고 달래도 소용없었다. 이미 이해 능력을 상실한 그에게는 그저 좋게 좋게 타이르는 수밖에, 별다른 방도가 없다는 것을 우리 모두 알고 있었다. 얼마나 지났을까. 살을 에는 추위 속에서 고군분투하던 나와 기사님은 마침내 푸보를 택시 뒷좌석에 간신히 욱여넣을 수 있었다.

막상 차가 출발하자 그는 별다른 저항 없이 창밖으로 지나가는 풍경들만 뚫어져라 바라보았다. 나는 가만히 그의 손을 잡았다. 그가 서서히 긴장을 풀고 있음을 느낄 수 있었다.

기사님이 말했다.

"사모님, 이제 남편분도 안정된 것 같으니 아무 문제 없이 운전할 수 있을 거예요. 만약 도착해서 말썽이 생기면 요양기관 쪽에서 도와줄 테고요. 사모님은 저 앞에서 내려드릴 테니 그만 집으로 돌아가 쉬세요! 남편분은 제가 책임지고 모실 테니 안심하시고요."

이토록 친절하고 사려 깊은 기사님이라니. 심지어 이 상황에서는 내가 있든 없든 별 도움이 안 된다는 것까지 파악하고 있었다.

나는 잡고 있던 푸보의 손을 천천히 놓았다. 그는 창밖 풍경에 온 정신을 빼앗겨 내가 손을 놓은 것도 모르는 눈치였다. 차가 멈춰 섰고 나는 홀가분한 마음으로 내렸다. 푸보는 여전히 창밖에 시선을 고정한 채 내가 내리든 말든 신경도 쓰지 않았다.

나는 서서히 멀어져 가는 택시를 바라보며 한참을 길가에 서 있었다. 어느새 눈물이 뚝뚝 떨어졌다.

푸보는 이후로 몇 차례 더 응급실 신세를 졌다. 이 경험 덕에 요양기관이 얼마나 큰 책임감을 가지고 입소자들을 대하는지 알 수 있었다. 24시간 돌봄 책임을 지고 있는 그들은 예상치 못한 사고 발생을 절대로 원치 않았다. 따라서 급작스러운 혈압 상승이나 발열, 부상 등 조금이라도 안 좋은 기미가 보이면 제일 먼저 나서서 상황 판단 후 즉시 결정을 내려 가족에게 통보해 주었다.

음력설이 되기 전, 요양기관에서 한 통의 전화가 걸려 왔다. 연휴 기간에 푸보를 입원시키는 게 어떻겠냐는 이야기였다. 최근 들어 푸보의 감정 기복이 심해지고 발작도 잦아져, 직원 네다섯 명을 동원해 겨우 진정시킨다고 했다. 그런데 연휴 기간에는 교대근무로 인해 직원과 요양보호사 인력이 평소보다 줄어드니 만일의 상황에 대비하자는 것이었다.

간호사가 이미 담당 주치의에게 의견을 물어본 모양이었다. 의사는 푸보를 한 달간 정신의학과 병동에 입원시켜 적절한 약물과 용량을 찾아 시험해 보고, 과도한 활성화 및 망상 증세를 효과적으로 통제하는 방법을 찾기를 권했다고 한다. 그러나 푸보가 혼자서 입원 생활을 할 수는 없으니, 나만 동의한다면 24시간 붙어 있을 간병인을 제공해 주겠다고도 했다.

나는 곧바로 그 제안을 받아들였다. 연휴 동안 푸보를 요양기관에 남겨두었다가 걸핏하면 응급실에 실려 가는 상황이 발생한다면 늙고 힘없는 내가 어떻게 혼자 감당하겠는가?

일반 병동과 다르게 정신의학과 병동에는 많은 제약이 따른다. 불의의 사고를 미리 방지하기 위해 허리춤을 끈으로 묶는 바지는 입으면 안 되고, 휴대폰, 면도날, 손톱깎이, 심지어 샴푸와 린스마저도 반드시 간호사실에 맡긴 후 사용할 때마다 허가를 받아야 한다. 이 모든 것은 보호자 역시 마찬가지였다. 거기에 코로나19로 부쩍 엄격해진 병동 관리로 인해 매일 오후 3시부터 4시 사이에만 면회할 수 있었는데, 그마저도 사전 인터넷 신청이 필수였다. 입장 전 휴대 물품을 반드시 검사하는 것은 물론 휴대폰조차 가지고 들어가지 못했다.

그렇게 매일 오후 푸보를 면회하는 일상이 시작되었다.

입원 초기의 푸보는 치매 증상이 심각하여 언어를 알아듣거나 말하지도 못했다. 정신적으로도 극도의 흥분 상태가 지속되어 그를 돌봐주는 사람들을 무척이나 애먹이기도 했다. 이 때문에 나와 의료진, 간호사 그리고 간병인의 협동이 무엇보다 중요했다.

나는 평생 연구직에 몸담은 사람답게 일찌감치 인터넷으로 노인 정신과의 모든 의료진을 조사해 봤다. 그들은 전부 전문 지식을 갖춘 우수한 의사들이었다. 직접 만나 이야기를 나눌 때도 모두 점잖고 예의를 갖추었으며 내 질문에도 침착하고 친절하게 답해주었다.

당시 주치의가 강조한 말 중에 특히 인상 깊은 말이 있다.

"치매는 걸리기 전으로 절대 돌이킬 수 없는 병입니다. 따라서 모든 증상이 곧 하나의 과정이라고 봐야 합니다."

예전에 치매에 걸린 시어머니를 간병한 경험이 있어 곧바로 이 말을 이해했다. 모든 증상은 단계적으로 나타나므로 결국 지나간다는 뜻이다. 그러다 말기가 되면 인지 능력과 생리 능력이 완전히 퇴화한 환자는 식물인간이 되어 가만히 누운 채 외부 세계에 아무런 반응을 보이지 않을 것이다. 그 전까지의 모든 증상은 그저 하나에서 다른 하나로 건너가는 과정에 불과하다. 약을 먹는 이유도 명확하다. 환자의 생활이 조금이라도 더 순조로울 수 있도록 돕고 보호자의 노고를 조금 덜어주기 위해서다.

병동 생활을 하면서 내가 본 간호사들은 모두 경험이 풍부하며, 활기차고 부지런하게 병실을 들락날락하고 있었다. 게다가 연휴에도 쉬지 않고 일했다. 자신이 맡은 환자에 대해 모르는 게 없었고 서로 손발이 착착 맞았다.

이들이야말로 돌봄의 최전선에 있는 사람들이었다. 근무 시간에는 늘 하던 업무 외에도 시시각각 발생하는 돌발 상황에 즉각 대응하고, 컴퓨터에 자료를 입력할 때 말고는 엉덩이 붙일 새도 없다 보니 끼니를 거르는 일도 부지기수였다.

강인한 인내력, 엄청난 체력과 정신력을 쏟으며 최선을 다해 일하는 간호사들에게 '든든하다'는 표현은 턱없이 부족할 정도였다.

간병인은 24시간 내내 푸보 옆에 붙어 그의 모든 요구를 들어줘야 한다. 그러니 그 중요성은 이루 말할 수 없다. 푸보가 입원을 할 때는 연말연시였기에 사람을 구하는 게 평소보다 훨씬 어려웠다. 한평생 점잖고 고상한 사람이었는데 병 때문에 하루아침에 무자비한 폭군으로 변한 푸보를 제어하기 위해 나는 비교적 젊은 간병인을 고용하고 싶었다.

다음 날 오후, '만위'라는 이름의 젊은 간병인이 커다란 캐리어를 끌고 약속 시간에 맞춰 여유롭게 나타났다. 시종일관 밝은 미소의 그녀는 푸보의 병세와 행동 특징을 재빨리 파악했다. 그런 다음 병실에 가지고 들어온 우리 물건을 훑어본 뒤 다음 날 추가로 가져와야 할 물품 목록을 곧바로 말해주었다. 나는 그녀의 노련한 모습에 금세 마음이 놓였다.

만위와 나는 마치 이인삼각을 뛰는 선수처럼 한마음 한뜻으로 아무것도 모르는 푸보를 돌보기 시작했다.

매일 오후 3시, 내가 깨끗한 옷을 준비해 병원으로 가면 푸보를 데리고 공용 공간에 나와 있던 만위가 나를 반겨주었다. 그녀는 푸보가 전날 밤 잠은 잘 잤는지, 식사와 과일은 얼마나 먹었는지, 물은 충분히 마셨는지 그리고 기분이나 혈압, 배변, 배뇨 등은 정상인지 차례차례 보고했다. 그리고 세탁이 필요한 옷가지를 챙겨주며 다음 날 무엇이 필요한지도 잊지 않고 알려주었다.

만위가 혼자서 그날 해야 할 일들을 모두 말끔히 처리해놓은 날이면 나는 그녀에게 바람 좀 쐬고 맛있는 것도 먹고 오라며 병실 밖으로 내보냈다. 그렇게 한 시간 정도 외출했다 돌아온 만위의 손에는 늘 간식거리가 들려 있었다. 그녀는 늘 웃는 얼굴로 간식을 푸보와 나눠 먹었다.

란란이 휴가를 내고 아빠를 보러 오기도 했다. 딸아이는 집에 머무는 동안 다른 일은 하지 않고 오로지 매일 오후에 나를 따라 아빠 병문안에만 나섰다. 다행히 푸보 역시 의료진이 조절해 준 약물과 만위의 세심한 보살핌 덕분에 정서가 안정되고 망상 증상도 호전되어, 더 이상 밤중에 방음 독방으로 옮겨 가지 않게 되었다. 그 덕에 우리 세 식구는 오랜만에 매일 한 시간씩 병실에 모여 가족끼리 단란한 시간을 보냈다.

2주 후, 딸이 미국으로 돌아갈 날이 되어 나는 새벽부터 공항 배웅에 나섰다. 그때는 나 역시 심리적 안정을 찾은 후여서 울지 않을 수 있었다.

푸보는 4주간의 입원 치료 후 마침내 퇴원해도 좋다는 허락을 받았다. 나는 그 즉시 요양기관에 연락하고, 지난번에 만났던 특약 택시 기사님과 함께 퇴원 수속을 밟았다. 푸보의 짐을 다 싸놓고 기다린 만위는 휠체어를 밀고 1층까지 내려와 우리와 함께 택시를 기다려줬다.

역시나 푸보는 차에 순순히 올라타지 않았다. 다행히도 기사님과 만위 모두 경험이 풍부한 사람들이었다. 둘은 재빠르게 상의를 마치더니 만위가 먼저 눈 깜짝할 새 푸보의 겨드랑이 아래에 두 손을 끼우고 휠체어에서 일으켰다. 그러자 푸보 뒤에 서 있던 기사님이 곧장 그를 잡아 머리를 누르는 동시에 상체를 택시 뒷좌석으로 밀어 넣었다. 뒤이어 만위가 푸보의 다리를 접어 하체까지 마저 넣는 것으로 순식간에 푸보를 차에 태우는 데 성공했다. 두 사람의 빈틈없는 합동 작전을 보는 내내 얼마나 고마웠는지 모른다.

푸보가 입원해 있는 동안 최선을 다해준 의료진, 고생을 마다하지 않은 간호사들 그리고 천사 같은 간병인 만위에게 마음 깊이 감사를 전한다. 또한 푸보를 보살피며 이 험난한 '과정'을 함께 지나 평온한 일상을 향해 걸어온 모두에게 감사 인사를 하고 싶다.

일선에 있는 모든 의료진에게는 반드시 건강한 신체와 강인한 마음가짐 그리고 한없는 인내심이 필요함을 다시 한번 느꼈다. 이 이름 없는 영웅들에게 무한한 갈채를 보내며 진심 어린 경의를 표한다.

나의 우울증 극복기

어딘가 조금 이상하다는 걸 알았지만 심각하게 생각하지 않았다.

입맛도 없고 밤에 잠도 잘 못 자지만 그건 푸보의 잦은 상태 변화 때문이라고만 여겼다. 불안, 난처함, 무기력함 같은 감정은 이미 일상이 되어 익숙하다고, 나는 단지 아주 약간 피곤하고 불안할 뿐이라고 말이다.

하지만 그토록 좋아하는 독서를 할 때도 집중이 되지 않았다. 온종일 책을 붙잡고 있어도 몇 장 읽지 못할 때가 많았다. 하지만 그것 역시 단지 푸보의 상태가 언제 변할지 몰라 내가 늘 달려나갈 준비를 하고 있기 때문인 줄로만 알았다.

무언가에 재미를 느껴본 기억도 까마득하다. 하지만 코로나19 때문에 집에 갇혀 있는 시간이 많다 보니 심심한 것뿐이라고 생각했다. 우울증과는 아무 상관 없다고.

게다가 내가 어떻게 아플 수 있겠는가? 나는 절대 아프면 안 된다. 이곳에 가족이라고는 푸보와 나 둘뿐인데, 그는 환자다. 치매를 앓아 보살핌이 필요하다. 나는 그가 의지할 수 있는 유일한 가족으로서 그를 돌봐야 한단 말이다.

주변 친구들도 언제나 내게 몸을 잘 챙기라고 당부한다. 나는 항상 나 자신을 극진히 보살폈다. 만약 나까지 아프면 푸보는 어떻게 한단 말인가? 난 절대 아프면 안 된다! 내 차례까지 오게 할 순 없다!

다행히 그동안 건강만큼은 자신 있었다. 가끔 생기는 위장장애 말고는 혈압, 혈당, 콜레스테롤 수치 모두 정상이라 특별히 약을 먹어본 적도 없다. 또한 규칙적이고 건강한 생활을 유지하려고 매일 아침 6시 반에서 7시 반까지는 반드시 가벼운 운동을 했다. 식사 역시 언제나 내 담당이어서, 기름과 소금을 줄이고 채소와 과일을 많이 먹었다. 하루 세 끼를 정시에 꼬박꼬박 챙겨 먹었고 식이섬유와 단백질도 충분히 섭취했다. 밤에 아무리 잠이 안 와도 푸보가 잠자리에 들면 나도 서둘러 자리에 누웠다.

하지만 나의 과민대장증후군은 점점 심해졌다. 어렵사리 잠에 들어도 화장실에 가고 싶어 한밤중에 깨는 횟수가 늘어났다. 나는 어쩔 수 없이 내과 전문의에게 진료를 받았다. 내 상태를 본 그는 고개를 절레절레 저으며 약을 처방해 줄 순 있지만 대부분의 과민대장증후군은 스트레스 탓이라며, 어떻게 해야 하는지는 내가 더 잘 알 거라고 말했다. 그 후 한 달간 약을 먹어도 큰 차도가 없었다. 나는 다시 병원에 가지 않았고 그냥 참았다.

그러는 사이 옷이 점차 헐렁해졌다. 여름 더위에 입맛을 잃어 살이 조금 빠졌나 보다 생각했지, 체중을 잴 생각은 조금도 하지 못했다.

하지만 푸보에게 돌발 상황은 갈수록 자주 발생했다. 그는 의사소통 능력을 완전히 상실한 후 모든 것을 거부한 채 꿈쩍도 하지 않았다. 나와 도우미가 아무리 힘을 합쳐도 소용없었다.

상황이 심각해지다 보니 푸보를 혼자 돌보는 것이 점점 힘에 부쳤고 앞서 기록한 것처럼 딸 란란과 상의 후 그를 요양기관에 보냈다. 전문 인력의 도움을 받기로 결정한 것이다.

란란은 아빠가 요양기관으로 들어가기 전에 귀국했다. 3년 만의 만남이었다. 란란이 두 팔 벌려 나를 안은 후 꺼낸

첫마디는 이랬다.

"엄마, 살이 왜 이렇게 빠졌어요!"

사실 란란은 오래전부터 내게 심리 상담을 받아보라고 권하고 있었다. 딸아이가 다니는 회사에서 제공하는 직원 복지 중 전화 상담이 있었는데, 직계 가족의 자격으로 나 역시 대만 지사의 서비스를 이용할 수 있다고 했다.

하지만 이런 종류의 상담은 대부분 긴 시간을 투자해야 하는데, 나는 그럴 여유가 없었다. 수시로 내가 필요한 돌발 상황이 생기는데 푸보를 내버려두고 통화할 시간이 어디 있단 말인가?

심리 상담 자체가 중요하냐고 묻는다면, 물론 중요하다. 하지만 그건 다른 사람의 경우일 뿐, 나는 아니라고 생각했다.

오랜 세월 교수직에 있었던 푸보는 여러 행정 업무를 통해 학생들의 다양한 특수 상황을 처리해 봤을 것이다. 나 역시 주변에서 상담과 약물 치료가 필요한 우울증 환자를 본 적이 있다. 요직에 있던 시절에는 치료가 필요한 동료들에게 이를 적극 권장하고 지지하기도 했다.

하지만 그게 내 일이 될 수도 있다는 건 미처 몰랐다. 아플 시간이 없다는 것 외에는 문제 될 것이 없다고 생각했기에, 마음속으로 줄곧 내가 심리 상담이 필요한 상태임을 부인해 왔던 것 같다.

미국 유학 시절, 나와 푸보는 서양 문화가 너무 이기적이며 유별나다고 생각했다. 당시 우디 앨런의 영화를 보고 나오면서 우리는 고개를 절레절레 저었다. 그 사람들은 자기 모습을 직면하고 솔직하게 소통할 생각은 하지 않고, 툭하면 심리 상담을 받으러 가서는 낯선 사람 앞에서 속마음을 털어놓는다고 말이다. 내가 아무리 동년배에 비해 많이 배운 편이라 해도 나이가 들었다는 것은 변함없는 사실이다. 내 나이대의 사람들은 '뭐든지 내가 하기 나름'이라는 신념을 갖고 있다.

그렇지만 나 역시 마음 한편으로는 우울증일지도 모른다는 가능성을 알면서도 애써 외면했는지도 모른다. 왜냐하면 일단 확진을 받으면 약을 장기간 먹어야 할 텐데, 나는 그 어떤 약도 장기간 먹어본 적이 없었다. 게다가 그게 정신의학과 약일 가능성은 더더욱 배제하고 싶었다. 나는 그렇게 스스로를 한없이 속이며 혼자 해결할 수 있다고 우기고 있었다.

푸보가 요양기관에 입소하기 전, 그동안 진료받았던 병원을 돌며 진단서와 약을 받는 길에 란란이 동행했다. 우리 세 식구는 함께 정신의학과에 들러 의사에게 상황을 설명했다. 그때 우리를 친절히 맞이해 준 의사 앞에서 딸이 갑자기 말을 꺼냈다.

"선생님, 저희 어머니도 진료가 필요한 것 같아요. 오랫동안 아빠를 돌보느라 스트레스가 심하거든요. 극도의 불안감과 좌절감을 자주 느끼고 살도 너무 많이 빠지셨어요. 제가 오래전부터 상담 좀 받아보시라고 하는데 들은 체도 안 하세요."

전혀 예상치 못했던 란란의 돌발 발언에 진심으로 당황한 나는 어색한 미소를 지으며 의사에게 말했다.

"일단 제 남편부터 요양기관에 잘 보내고 나서, 저는 그다음에 오겠습니다."

사실 그때만 해도 다시 찾아올 마음은 추호도 없었다.

푸보가 요양기관에 들어간 다음 날 란란도 곧바로 미국으로 돌아갔다. 공항에 따라나선 나는 언제나처럼 출국장 문 앞에서 딸아이를 향해 손을 흔들었다. 그런데 생각지도 못한 일이 벌어졌다. 20년 동안 수도 없이 해오던 일이거늘, 그 순간 갑자기 눈물이 터지고 만 것이다! 내가 얼마나 강한 사람인데. 바로 전날, 푸보와 작별 인사를 할 때도 딸과 마주 보며 눈시울을 붉히기는 했지만 눈물은 한 방울도 흘리지 않았을 정도다.

어째서 그 순간 눈물이 터진 것일까? 이해되지 않는 답답한 마음을 안고 집으로 돌아왔다. 더욱 예상치 못했던 건 집에 도착할 때까지 휴지 두 통을 다 쓰고도 부족할 정도로 눈물 콧물을 쏟았다는 사실이었다. 이후로도 한동안 주체할 수 없는 감정에 아무것도 손에 잡히지 않았다. 시도 때도 없이 눈물이 터지는 상태는 잠자리에 들 때까지 계속되다가 이튿날에도 좀처럼 사그라들 줄 몰랐다.

셋째 날, 무언가 잘못되어 가고 있음을 깨달았다. 이성이 마침내 외면을 이겨낸 것이다. 나는 곧장 정신의학과 진료를 예약하고 병원을 찾았다.

병원에 도착해 체중과 혈압부터 잰 다음 익숙한 진료실에 들어가 익숙한 의사를 만났다. 매우 세심한 진찰 끝에 의사가 물었다.

"그때 따님이 환자분이 살이 많이 빠졌다고 했는데, 현재 혈압은 정상이고 체중은 48.1킬로그램이거든요. 얼마나 빠지신 거지요?"

그 순간 얼마나 놀랐는지 모른다. 체중이 무려 10킬로그램이나 빠질 때까지 모르고 있었다니! 자그마치 내가 대학교를 졸업할 때의 체중이었다.

진단 결과 나는 우울증이었다. 의사는 내 증세가 그리 심한 편은 아니라고 강조했다. 치료를 잘 따르며 약만 꼬박꼬박 먹으면 나을 것이라고 말이다. 나는 의사가 처방해 준 항불안제와 수면제를 받아 들고 다음 진료를 예약했다. 반드시 제시간에 약을 먹고 다음번 진료를 받으러 오라는 당부를 들으며 병원을 나섰다.

곧장 내가 아는 두 명의 의사 친구에게 이 사실을 알렸다. 한 명은 국내 치매 분야의 권위자였고, 다른 한 명은 푸보의 주치의였다. 둘은 내가 받아 온 약명을 보고 똑같은 말을 했다. 오랫동안 수많은 사람들이 써온 약으로 부작용 위험도 낮고 처방 용량도 적은 편이니 안심하고 복용해도 된다고 말이다. 앞으로 꾸준히 약을 먹고 진료도 잘 받으라고, 절대로 임의로 약을 끊지 말라는 당부도 잊지 않았다.

오랜 시간 도망친 끝에 결국 내 상황을 받아들였다. 더 이상 진료를 미루지 않고 말 잘 듣는 환자가 되어 하루빨리 약을 끊을 수 있도록 노력해야 했다.

나는 불면증이 생기기 전에는 바닥에 머리만 닿으면 잠들곤 했다. 그래서인지 소량의 수면제를 복용하고 난 후로 얼마 지나지 않아서 제시간에 잠들 수 있었고, 의사의 지시에 따라 점차 복용량을 줄이다가 약 6주 후에는 아주 가끔 도움을 받는 정도가 되었다. 과민대장증후군은 따로 약을 먹지 않았는데도 점점 호전되었다.

불안증은 요양기관에 들어간 푸보가 몇 번의 응급실 신세와 한 번의 입원 치료를 겪는 동안 다소 기복이 있기는 했지만, 복약 6개월 만에 의사와 상의 후 항불안제를 완전히 끊을 수 있었다.

그사이 푸보 역시 치료를 받으며 안정된 정서를 찾았고 요양기관 생활에도 적응해 나가고 있었다. 그는 나를 찾지도 집에 돌아오고 싶어 하지도 않았다. 그곳에서는 끼니를 거른 적도 없으며, 늘 깨끗하고 단정한 옷을 입었다.

매주 그를 만나러 가면 웃으며 반겨주는 날도 있었지만, 아무 반응을 보이지 않을 때도 있었다. 헤어질 때 역시 눈인사를 할 때도 있지만 자기만의 세상에 처박혀 아무런 감정 변화를 보이지 않을 때도 있었다.

그는 기관 내 전문 인력들의 돌봄에 익숙해지고 있었고, 나 역시 그가 떠났다는 사실을 서서히 받아들이게 되었다.

아직 정신력을 완벽히 회복하지 못했지만, 오랫동안 엉망이었던 독서를 다시 시작했다. 덕분에 집중력과 속독 능력을 되찾을 수 있었다.

요리에 대한 열정도 다시 생겼다. 매주 돼지고기에 다양한 채소를 섞은 만두소로 만두를 빚었고, 겨울에는 각종 감귤을 섞어 마멀레이드를 만들었다. 새해에는 여러 조합의 떡을 만들기도 했다.

또한 학술 활동에 다시 참여할 수 있게 되었다. 이제는 회의 시간에 마음이 불안하여 전전긍긍하지 않아도 되었다.

그동안 손 놓고 있었던 사회 활동도 다시 시작했다. 이제는 사람들과 교류하는 동안 더 이상 수시로 시계를 확인할 필요도, 외출한 지 세 시간이 지났다고 해서 서둘러 집에 돌아갈 필요도 없었다.

푸보와 내가 수십 년간 함께 걸었던 길을, 나는 지금 홀로 용감하게 걸어나가는 중이다.

푸보가 기관에 들어간 지 1년이 지난 어느 가을날, 란란이 귀국한다는 소식을 전해왔다. 이번에는 조금 긴 휴가를 내고 다음 해에 있을 투표까지 마친 후 돌아갈 거라고 했다.

나는 팬데믹 기간 전에 세 식구가 함께 여행하던 시간을 떠올리며 딸과 다시 한번 여행 추억을 만들고 싶다고 생각했다. 그러나 여권 만료 기간이 한참이 지나도록 갱신 처리를 뭉그적거렸고, 마침내 처리했을 땐 이미 연휴 기간의 비행기표와 숙소가 거의 다 동난 후였다. 원래 한번 하기로 한 일은 빠릿빠릿하게 실행하는 극한의 효율성으로 한 번도 미루거나 늦은 적이 없던 나인데, 지금은 어쩌다 이런 사소한 일 하나도 제대로 처리하지 못할 정도로 트릿해진 건지.

언젠가 란란이 우리 가족의 행동력에 대해 '아빠는 우유부단, 엄마는 속전속결'이라고 표현한 적이 있다. 그만큼 내 본성은 주저함과는 거리가 멀었다. 이토록 흐리터분해진 건 우울증으로 인해 정신이 맑지 못한 탓이었다.

그래도 이번에는 딸아이의 행동력 덕분에 무사히 여행할 수 있었다. 란란의 의견대로 국내 여행으로 눈을 돌린 우리는 설 연휴 기간에 온천 마을로 유명한 자오시에 가기로 했다. 그렇게 나는 내내 처박혀 있던 난강에서 마침내 벗어날 수 있었다. 우리 모녀는 그 지역에 사는 친구의 환대를 받으며 낮에는 금빛의 따스한 햇볕 아래에서 해변을 구경하거나 안농강의 낙우송○ 숲에서 산책을 즐겼다. 해가 지면 숙소로 돌아와 반짝이는 별빛 아래에서 개운한 온천욕을 즐긴 뒤, 통유리창 밖으로 한 폭의 그림처럼 펼쳐진 야경을 보다 함께 잠이 들었다. 그때의 짧은 여행 덕분에 나는 인생의 즐거움을 되찾을 수 있었다. 란란이 미국으로 돌아가기 전, 우리는 늦여름이 되면 케냐에서 만나 함께 동아프리카를 여행하기로 약속했다.

　달력에 새 일정이 채워지는 만큼, 내 인생도 새로운 기대감으로 차오르기 시작했다. 이제 나는 확신한다. 내가 마침내 우울증에서 벗어나 앞으로 나아가고 있음을.

○　　침엽수의 일종. 보통 낙엽이 지지 않는 침엽수와 달리 가을에 잎이 떨어진다.

지원단 결성

푸보가 요양기관에 들어간 지 반년이 되었을 때, 나는 지난 몇 년간 손 놓고 있던 내 건강 문제를 슬슬 점검하기로 마음먹었다.

제일 먼저 '수리'할 곳은 7년 넘게 앓고 있던 무지외반증으로 심하게 변형된 두 발이었다. 한 번에 발 한쪽씩 수술을 받아야 했는데, 뼈를 찌르는 고통을 참으며 3개월간의 회복 시간을 거친 후 다른 한쪽에 똑같은 수술을 받는 식이었다.

수술을 받고 나면 생활은 편리해지겠지만, 회복하는 반년 동안은 행동반경이 영향을 받을 수밖에 없었다.

이 시기에 누구보다 많은 영향을 받는 사람은 요양기관에 들어가 있는 푸보였다. 그의 비상 연락망인 나는 응급 상황 시에 재빨리 대응하지 못할 것을 대비해 수술 전에 반드시 대책을 세워야 했다. 요양기관은 입소자들이 병원에 진료를 받으러 가거나 모종의 이유로 기관 밖으로 나갈 때 가족 혹은 보호자가 넘겨받는, 이른바 '공동 돌봄' 체제이기 때문이다.

따라서 치료를 받는 반년 동안 푸보에게 무슨 일이 생겼을 때 나 대신 즉시 협조해 줄 수 있는 비상 연락망을 반드시 마련해야 했다.

어떡하지?

내 나이가 나이인 만큼 두 명의 여동생도 젊지만은 않은 데다 각자의 사정이 있었다. 일단 큰동생은 손자 양육을 돕고 있는데, 빠듯한 아들 부부의 생활에 없어서는 안 될 지원자였다. 그래서 평소에는 작은동생이 비상시에 믿고 연락할 수 있는 쪽이었는데, 이번엔 그 애 역시 막 큰 수술을 받은 상태였다. 이를 어떻게 해결한단 말인가?

그때 순간적으로 기발한 아이디어가 떠올랐다. 반년이란 시간은 결코 짧지만은 않다. 딱 한 명에게만 협조를 부탁하면 상시 대기해야 하는 그 사람의 부담이 너무 클 것이다. 그러면 친구 여러 명을 모아 긴급 상황 발생 시 책임을 분담할

'지원단'을 결성하는 건 어떨까?

생각을 떠올리니 마음속에 즉시 계획이 세워졌다. 지원단이 활동할 기간은 3월부터 9월까지 대략 6개월에서 7개월 정도. 주요 업무는 푸보에게 비상 상황이 발생하거나 입원이 필요할 때 수속을 돕고 필요 물품을 조달하는 것이다. 병원에서 푸보를 돌볼 입주 간병인에게는 내가 집에서 전화로 지시를 내리면 된다.

일단 여기까지 정리한 후 나는 우선 한 친구에게 전화를 걸어 상의했다. 나와 어느 국제 직장 여성 공익단체에서 만나 30년 넘게 인연을 이어오고 있는 사이로, 박학다식하고 경험과 인맥이 풍부해 어지간한 일에는 쉽게 당황도 하지 않는 여장부 중의 여장부다.

나는 이 믿음직한 친구에게 상황을 설명하고 지원단이 되어줄 수 있냐고 물으며, 두 쌍의 부부를 더 염두에 두고 있다고 말했다. 한 부부는 나와 같은 아파트 동에 사는 동료이자 친구로, 차를 가지고 있었다. 다른 한 부부는 타이베이시에 사는 동료였는데, 남편 쪽이 나와 어릴 때부터 함께 자란 친구다. 이들 역시 차를 가지고 있고 동네 지리를 꿰고 있었다.

내 설명을 들은 여장부 친구는 내 계획을 적극 지지하며 두말없이 지원단에 합류해, 첫 번째 멤버가 되어주었다.

게다가 그녀는 같은 모임에 있는 다른 친구를 소개해 주기까지 했다. 금융계에 있다가 퇴직한 친구라는데, 역시 다식하고 인맥도 넓다고 했다. 심지어 살고 있는 지역이 푸보가 진료를 받는 병원이 위치한 동네라 지리적으로도 매우 가까웠다. 그녀 가족 중에도 돌봄이 필요한 환자가 있지만, 진짜 급한 일이 발생하면 가장 먼저 도착해 처리한 다음 다른 멤버에게 이후 진행을 넘겨주기도 편했다.

이 여섯 친구에게는 공통점이 있었다. 바로 나와 우정이 있고 행동력이 강하며 일 처리가 명쾌하다는 점이었다. 위급 상황에 내가 도움을 청해도 전혀 괘념치 않을 사람들이었다.

얼추 계획이 정해진 후, 나는 이들에게 메신저로 계획을 상세히 설명했다. 다행히도 이들은 내 부탁 메시지를 보자마자 조금의 망설임 없이 기꺼이 응해주었다.

이에 나는 모임의 이름을 '추위 지원단'이라 짓고, 여섯 명의 친구들이 속한 단체방을 만들었다. 그렇게 다 같이 모인 친구들은 알아서 자기소개를 나누더니, 이후 일이 생겨 도움을 주지 못하거나 출국할 일이 생기면 미리 단체방에 알리고 다른 멤버들에게 양해를 구했다.

메신저의 즉시성에 오랜 친구들의 우정에서 우러나온 즉각적인 동의가 더해진 덕분에 내가 아이디어를 내고 계획이 완성되기까지 한 시간 밖에 걸리지 않았다. 이제 안심하고 수술을 받을 수 있다는 생각에 가슴을 쓸어내렸다.

나는 기쁜 마음으로 머나먼 미국 땅에 있는 딸에게 전화를 걸어, 나를 위해 발 벗고 나서줄 천사 같은 친구들이 한 시간 만에 여섯이나 생기는 기적이 일어났다고 자랑했다. 딸아이는 내 수술과 아빠에게 생길지 모를 긴급 상황을 걱정할 필요가 없을 뿐만 아니라, 직장을 내팽개치고 귀국해 6개월간의 돌봄을 책임질 부담을 더 이상 지지 않게 된 것이다.

그날 이후 반년 동안 지원단 여섯 명은 각자의 방식으로 나를 지켜줬다. 그들은 내가 회복하는 과정 중에 생길지 모를 문제를 언제든 도와줄 준비를 하고 있었다. 나는 이들에게 계속해서 나의 회복 상황을 보고했다. 이들은 각자 지역에서 벗어나거나 외국에 나갈 일이 생길 때면 메신저 단체방에 정확히 보고했다.

더욱 다행인 것은 나의 수술 경과가 예상보다 훨씬 좋다는 사실이었다. 3월 초에 한쪽 발을 수술했는데, 4월 초에 이미 단체방에 천천히 걸을 수 있다고 보고했으니 말이다. 그때 푸보에게 생기는 임시 상황은 스스로 처리할 정도였다. 7월 중순에 받은 나머지 한쪽 발의 수술도 무사히 끝낸 나는 그달 말에는 단체방에 이젠 나 혼자 긴급 상황을 처리하겠다고 알릴 수 있었다.

다시 말해, 지원단은 결성 후 한 번도 제대로 쓰인 적이 없다. 하지만 그들이 내게 준 심리적 안정감만큼은 그 어떤 표현으로도 부족하다.

3월 초에 수술을 위해 입원했을 때만 해도 나는 아직 항불안제와 수면제를 복용 중이었다. 그러나 4월에는 의사의 동의를 받아 이 모든 약을 끊고 회복에만 전념할 수 있었다. 두 차례의 수술을 받는 동안 푸보를 제대로 보살피지 못하면 어쩌나 하는 새로운 불안감 같은 건 조금도 없었다.

지원단은 지금까지도 단 한 명의 탈퇴 없이 유지 중이며 나 역시 해산할 계획이 없다. 언제 나에게 또 이 믿음직한 친구들의 도움이 필요한 날이 생길지 누가 알겠는가?

만약 그런 날이 오면 나는 이들에게 여전히 국내에 있는지, 혹시 도와줄 수 있는지 물어본 다음 그에 따라 상황을 조절하기만 하면 된다. 그들에게 도움이 필요할 때면 내가 그들의 지원단이 되어줄 수 있다.

앞으로는 혼자 병원을 찾아 크고 작은 수술을 받는 환자의 수가 점점 증가할 것이다. 이는 절대 내가 속한 세대에게만 국한된 이야기가 아니다. 법률적 지원은 자구책을 앞서지 못하고 있다. 나의 지원단은 지극히 개인적인 자원을 활용한 맞춤형 운용 방식일 뿐이다. 나는 필요할 때 도움을 받을 수 있는 개인 자원이 풍부한 소수에 속하는, 아주 운이 좋은 사람 중 하나였다.

우리는 고령 인구의 대다수에게 이런 자원이 턱없이 부족하다는 사실에 주목해야 한다. 사회는 구성원의 노년에 더욱 관심을 가져야 한다. 각 정부 부처의 정책 운용 방식과 공권력의 개입이 잘 결합해야 불필요한 비극의 발생을 줄일 수 있을 것이다.

서명할 사람이 없다

병상 위에 누워 수술을 기다리는데 몸이 덜덜 떨렸다. 무서워서가 아니라 살을 에는 3월 꽃샘추위에도 이곳에서는 실내 온도를 15도 이하로 유지하고 있어서다. 내 옆에는 저마다의 불안감을 안고 수술을 기다리는 다른 환자들이 있었다. 마침내 서류를 가지고 나타난 간호사가 호명을 시작했다.

"정추위 님!"

"네."

"가족은 어디 계세요? 수술동의서에 서명하셔야 해요."

"가족 없이 혼자 왔어요. 제가 서명할게요."

"안 됩니다. 본인 외 직계 가족의 서명이 필요해요. 수술 중 만약의 상황이 생기면 결정해 주실 수 있는 분으로요."

"저는 서명할 가족이 없는데요. 남편은 치매고 딸은 미국에 있어요."

일순간 침묵이 흘렀다.

"제가 처음은 아닐걸요. 앞으로 이런 일은 점점 많아질 거예요. 전화번호를 몇 개 남길 테니 필요한 일이 생기면 그쪽으로 연락하세요."

"그 사람들도 직계 가족이 아니면 결정권이 없습니다."

나는 실소를 터트린 후, 다시 태연하게 말을 이었다.

"그럼 의사 선생님이 결정해 주시면 되죠!"

더 이상 수술을 지체할 수 없기에 수술 동의는 일단 흐지부지 넘긴 채 수술실로 들어갔다.

앞서 언급했다시피 이번 수술은 수년간 나를 괴롭힌 유전적 무지외반증과 발 아치 무너짐, 그리고 족저근막염 치료를 위한 것이었다. 오랫동안 치료를 받긴 했지만 걷기는 물론 가만히 서 있기조차 힘들어지고 있었다. 의사는 외과 수술을 통해 무지외반증을 교정하면 적어도 고통의 원인 중 한 가지는 해결할 수 있을 거라고 했다.

이 수술은 뼈를 톱질해 못을 박은 후 회복 기간을 거쳐야 하는데, 이렇게만 들으면 끔찍하기 짝이 없지만 사실은 간단한 수술이라 하니 잠깐의 고통만 참으면 딱히 긴장할 필요도 없었다. 나도 벌써 일흔이 넘었고 온몸의 장기가 노화되었음을 느끼고 있다. 그러나 현대 의학은 흐릿한 시야와 성성한 백발, 이리저리 흔들리는 치아까지도 충분히 고칠 수 있으니, 이를 고치는 수밖에 없다. 나는 스스로 일흔 살에서 여든 살까지를 신체 '수리' 기간이라고 정의했다. 수리가 필요한 곳이 있다면 빨리 할수록 회복에 유리하다. 딸 란란과 상의 후 이렇게 홀로 수술실에 들어간 것도 그 때문이었다.

아침 8시, 나는 공복으로 입원해 오후에 수술을 받고 하룻밤 입원했다. 다음 날 아침에 의사가 회진을 돌면서 내 수술 부위에 이상 없음을 확인하자마자 퇴원 수속을 밟고 집으로 돌아왔다. 절뚝이며 걷기가 다소 불편하긴 해도 보행 보조기나 목발 없이 혼자 병원 문 앞까지 나와 택시를 잡았다.

석 달 후, 나는 다시 입원해 다른 한쪽 발에 같은 수술을 받았다. 이때 역시 서명 때문에 똑같은 촌극이 벌어졌지만, 전과 마찬가지로 흐지부지 넘어갔다. 보아하니 외과 수술을 받기 위해서는 무조건 수술동의서에 본인 외 법적 관계자의 서명이 필요한 것 같았다. 그렇다면 현장에 서명해 줄 사람이 아무도 없을 때는 어떻게 서명을 강제하는 걸까?

두 번째 수술 후, 나는 인터넷으로 관련 정보를 검색하다

당시에 간호사가 직계 가족만이 서명할 수 있다고 통지한 것은 사실 과도하게 엄격한 처사였다는 사실을 알게 되었다.

먼저, 수술동의서에 서명하는 사람이 직계 가족이어야 한다는 것은 필수 조건이 아니다. 원칙적으로는 환자 본인의 서명만 있으면 된다. 보건복지부 발표에 따르면 2018년 5월부터 적용되는 최신판 수술동의서부터는 동의한 사람이 환자 본인이 아닐 경우, '환자와의 관계' 부분에 어떤 관계인지 기재하면 된다고 한다. 관계자의 범위는 다음을 포함한다.

1. 환자가 미성년자이거나 스스로 동의를 표시할 수 없는 경우 법정 대리인, 배우자, 친족 혹은 관계자가 서명한다.
2. 환자의 관계자란 반려자(성별 불문), 동거인, 절친한 친구 등 환자와 특별히 밀접한 관계가 있는 인물을 뜻한다. 또한 후견인, 소년 보호관찰관, 교직원, 사고 운전자, 군경소방대원 등 법령 혹은 계약에 따라 환자를 보호할 의무가 있는 사람도 포함한다.

또한 다음과 같은 항목도 있었다.

'수술 진행 도중 사전에 설명한 수술 항목 혹은 범위가 변경된 경우, 환자의 의식이 분명한 상태에서 재차 고지 후 동의를 받아야 한다. 만약 환자의 의식이 불명하거나 의사표시를 할 수 없을 때는 배우자, 친족 혹은 관계인 등 환자의 법정 혹은 지정 대리인의 동의를 받는다. 전술한 대상이 현장에 없으면 수술 집도의가 환자의 최대 이익을 모색하여 전문적 판단에 따라 결정한다. 다만 환자의 명시적 혹은 묵시적 의사에 반하여서는 안 된다.'

이 내용대로라면 수술동의서에 서명할 수 있는 사람은 결코 적지만은 않다. 수술 진행 도중 특수한 상황이 발생할 경우 환자의 의식이 불명하고 현장에 가족도 없다면 수술 집도의가 결정할 수 있는 것이 확실하다. 그러니 내가 수술 전 실소할 만하지 않겠는가.

그러나 내가 두 차례의 수술을 받으며 만난 '엄격한' 현장 의료진이 나의 배우자나 직계 가족의 서명을 고집한 것은 아마도 불필요한 의료 분쟁을 피하기 위해서였을 것이다. 입장을 바꿔 생각하면 이해 못 할 일도 아니다. 그들에게 의료 분쟁으로 맞닥뜨리는 스트레스, 일자리 위협, 재정적 손실만큼 큰 직업적 위험 요소는 없을 테니 말이다.

그러나 서명인 부재의 문제가 반영하는 사회 현상 역시 무시할 수만은 없다. 건강보험 보급과 의료 기술 발전의 시너지 효과로 사실상 고령 인구는 증가하고 있다. 따라서 독거 노인, 자녀와 멀리 떨어져 사는 노인, 배우자가 먼저 세상을 떠났거나 거동이 불가능한 노인, 자녀가 없거나 해외로 떠난 노인, 나아가 관계인도 법정 대리인도 없는 노인 등 서명인이 부재한 사람들은 분명 더 많아질 수밖에 없다.

내 개인적인 상황을 예로 든다면, 나의 현재 건강 상태로는 법정 대리인을 지정할 자격조차 갖추지 못한다. 왜냐하면 법정 대리인은 '행위 무능력자 혹은 제한 행위능력자의 법률행위를 돕기 위하여' 만들어진 제도이기 때문이다. 다시 말해, '행위 무능력자'와 '제한 행위능력자'만이 법정 대리인을 지정할 자격이 있다. 그러니 나이가 들어갈수록 서명인 부재의 문제는 점점 더 흔해질 수밖에 없다.

현재 우리는 인류 역사상 최장수 시대를 맞이하고 있다. 고령화는 이미 개발도상국의 공통 사회 현상이자 추세이며, 대만도 예외는 아니다. 내무부에서 2023년 8월 11일 발표한 '2022년 간이 생명표'에 따르면 국민 평균 수명은 79.84세로 남성은 76.63세, 여성은 83.28세라고 한다. UN에서 발표한 2020년 세계 평균 수명과 비교하면 각각 6.7세, 8.6세 높은 기록이다.

2023년 6월 통계 자료에 따르면 65세 이상인 인구는 약 419만 명으로 전체 대만 인구의 18퍼센트를 차지한다. 이들

중 서명인 부재의 문제로 가장 먼저 타격을 입을 사람은 독거노인이다. 대만의 독거노인은 2023년 기준 약 60만 명으로, 65세 이상 인구의 16퍼센트를 차지한다. 노인 돌봄 문제가 증가하는 현실에서 서명인 부재는 빙산의 일각에 불과하다.

이 밖에도 사회와 가치관이 변화함에 따라 딩크족과 비혼족이 빠르게 증가하며, 출생아 수 역시 점점 줄고 있다. 따라서 가까운 미래에 법정 대리인을 지정할 수 없는데 수술동의서에 서명할 사람이 없을 확률은 절대 줄어들지 않을 것이다.

서명인 부재의 문제는 단순히 나의 개인적인 경험에 그치는 게 아니라, 나날이 보편화되고 있는 무시할 수 없는 사회현상 중 하나다. 의료진뿐만 아니라 사회복지사, 자원봉사자, 요양기관 직원을 비롯한 관련 기관의 관계자들 역시 오래전부터 이와 관련된 고초를 겪고 있을 것이다. 다만 이 문제의 우선순위가 해결해야 할 여타 다른 문제들을 앞서지 못해, 아직 사회적 주목을 받지 못한 것이 아닐까.

돌봄의 주체

화요일 아침이 밝았다. 푸보에게 가는 날이다. 며칠간 내리던 비가 그치고 웬일로 날씨가 화창하고 포근해 나는 직접 운전해 가기로 했다. 따스하게 반짝이는 황금빛 햇살을 맞으며 구불구불한 산길을 따라 운전한 끝에 푸보가 사는 건물 앞에 다다랐다.

운이 좋게도 그 자그마한 주차장에 차가 한 대도 없었다. 내심 기뻐하고 있는데, 주차장 맞은편에 있는 보건실에서 간호사복을 입고 있는 젊은 여성이 튀어나와 주차장에 차를 세우지 못하게 했다. 알고 보니 근처 건물의 지붕 교체를 위해

공사 차량이 들어와야 한다는 것이다.

내가 얼른 사과 후 차를 이동시키려는데, 간호사가 물었다.

"실례지만 어느 분 보러 오셨어요?"

"푸보 씨요."

내 대답에 간호사가 금세 활짝 웃으며 말했다.

"푸보 환자분 사모님이셨군요. 치매 병동에 있는 환자분들은 모두 뵌 적 있어요. 푸보 환자분도 잘 알죠. 그런데 제가 사모님은 처음 뵙네요. 치매 병동 간호사들이 모두 사모님과 친하다고 하더라고요. 매주 방문하셔서 그런지 사회복지사나 요양보호사분들과도 잘 알고 지내시는 것 같고요."

요양기관에 입소하려는 사람들은 기관에서 나눠주는 서류를 가지고 병원에 가서 자비로 진행하는 건강 검진을 통해 전염병이 없다는 사실을 증명해야 한다. 입소 첫날에는 보건실부터 들러 의료진에게 건강 검진 및 촉진을 받는다. 입소 후에 조금이라도 이상 기미가 생긴 경우에도 일단 이곳으로 실려 오는데, 그래서인지 기관 내 상주 의료진이 치매 병동 환자들을 잘 알고 있는 모양이었다.

사과처럼 동그스름한 얼굴을 한 이분은 알고 보니 보건실의 수간호사님이었다. 이런 실례가!

수간호사가 말했다.

"사모님, 제가 여기서 일한 이후로 푸보님처럼 힘든 치매 환자는 처음이에요. 환자분은 이 요양기관에서 악화 속도가 가장 빨라요. 여기 오신 후 처음 반년 동안은 감정 기복이 너무 심해서 저희가 뭘 해드리거나 아니면 그냥 진정만 시키려고 해도 장정 네다섯이 한꺼번에 달려들어야 겨우 가능했어요. 목욕을 시켜드릴 때도 그만큼의 인원이 필요했고요. 다행히 지금은 많이 진정되셨지만 이번엔 인지 능력이 많이 떨어지고 거동도 불편해지셨어요.

저희는 환자분이 이렇게 심각해질 때까지 사모님께서 대체 어떻게 견디셨는지 모르겠다고 말해요. 사모님도 나이가 있는데, 가정에서 노인이 노인을 돌보는 일은 몇 배로 힘들잖아요!"

그녀는 이어 말했다.

"치매는 중기가 지나면 간병 부담이 점점 커져서 전문 인력의 돌봄이 필요해요. '누가 돌보는 게 더 좋은가'에 대한 대답은 사실 가족이 결정하거나 감당할 수 있는 게 아니죠. 그럼에도 우리 사회에서는 여전히 요양기관에 대한 오해가 많아요. 가정에서 가족들이 돌보는 것이 요양기관의 전문 인력에게 맡기는 것보다 훨씬 좋은 줄로만 알고 있죠. 사실, 누가 돌보는가에 대한 문제는 사회적인 것이라고 생각해요. 가정에서 돌보는 것이 반드시 더 좋다고는 할 수 없어요. 특히 치매 중기에서 후기로 진행될 땐 더더욱이요. 환자의 가족들을 위해서라도 안심하고 저희에게 맡기는 것이 환자에게도 가장 좋은 선택일 겁니다."

 수간호사가 말한 노인 돌봄의 핵심은 바로 '돌봄의 주체'였다. 배우자를 돌본 나의 경험을 반추해 봤을 때, 제일 힘들고 절박했던 문제는 다음의 두 가지였다.

 첫째, 노인이 노인을 돌보는 일은 얼마나 지속될 수 있을까?
 둘째, 치매 환자를 가정에서 돌보는 것이 과연 최선일까?

 먼저 노인이 노인을 돌보는 것에 대한 문제다.
 나는 지난 4년간 푸보의 옆에서 24시간 간병하면서, 배우자를 간병하는 것이 반드시 배우자와 함께 늙어간다는 뜻은 절대 아님을 뼈저리게 느꼈다.
 함께 늙어간다는 것의 기본 조건은 신체 건강한 두 명의 노인이 독립적인 생활이 가능한 상태에서 서로 의지하며 보살피는 것이다. 만약 함께 사는 두 명의 노인 중 한쪽이 독립적인 생활 능력을 잃는다면 다른 한쪽의 돌봄에 완전히 기대야 정상 생활을 유지할 수 있다. 그렇게 되면 두 사람의 공동생활 책임은 균형을 잃는다. 돌봄의 책임을 짊어지는 쪽은 책임 부담이 점점 늘고 같은 지붕 아래 있어도 서로 의지하며 상부

상조하던 부분은 점점 사라지는 것이다. 치매에 걸린 배우자가 인지 능력을 점점 잃어가며 보호자의 생활과 심신에 가해지는 압박은 말로 다할 수 없을 정도다. 이런 식의 노인 돌봄은 결국 아무도 감당할 수 없다.

푸보와 나의 경우, 40년 넘게 서로를 의지하며 안정적으로 균형을 이루는 저울처럼 공평하게 분담해 왔던 모든 것이 결국 하루아침에 완전히 바뀌었다. 딸이 점점 자라고 우리 부부가 각자의 직장에서 받는 업무 부담도 해마다 달라졌지만, 우리는 수시로 조정을 통해 저울의 균형을 맞춰왔었다.

그러나 그에게 내 보살핌이 필요해진 순간부터 저울은 한쪽으로 기울기 시작하더니 절대 올라오지 않는 시소로 변했다. 아침에 일어나 밤에 눈을 감는 순간까지 누군가를 돌봐야 할 때, 돌보는 이에게 필요한 체력과 정신력은 덧셈이 아닌 곱셈으로 불어난다. 게다가 치매는 절대 돌이킬 수 없는 병이라 돌보는 쪽의 수고는 늘기만 할 뿐 결코 줄어들지 않는다.

2018년, 당시 74세였던 푸보의 간병을 시작했을 때 내 나이는 이미 68세였다. 내가 일흔 살이 됐을 무렵부터 푸보의 병세는 급속도로 나빠졌다. 코로나19 팬데믹 상황이 가장 심각했을 때는 온종일 집 안에만 있게 되자 푸보의 인지 능력이 급속도로 무너지는 것이 확연히 보일 정도였다. 환청, 환각이 빈번히 일어났고, 이해 능력 역시 뚝뚝 떨어졌다. 언어 표현마저 점점 간단해졌다.

그와의 정상적인 소통은 불가능했다. 그의 속마음을 다시는 알 수 없게 되었다. 그저 열심히 일상생활을 보살피며 표정과 안색으로 마음을 추측하는 수밖에. 푸보의 행동은 날이 갈수록 질서를 잃었고 그런 그의 뒤를 그림자처럼 졸졸 쫓던 나는 숨이 가빴다. 돌발 상황은 날이 갈수록 많이 발생했고 나는 점점 무기력해졌다. 이 상황은 다시는 우리 둘이 대화를 나눌 수 없고, 수십 년간 마음을 나눠온 동반자가 더 이상 존재하지 않는다는 뜻이었다.

게다가 나 역시도 늙어가는 길 위에 있으니 정신적으로나 육체적으로 점점 힘에 부쳤지만 부담감은 오히려 커졌다. 그 와중에 내 몸과 마음에도 병이 생겼다. 언제 푹 잠들었는지 기억도 안 날 정도로 수면이 얕아지다가 결국 불면증이 되어버렸고, 위장에도 문제가 생기는가 하면 불안증이 심해져 체중이 심각하게 줄어들 정도였다. 웃는 얼굴과 상냥한 말투로 푸보를 대할수록 내 마음에 억눌린 좌절감은 커져만 갔다.

어느 날, 딸 란란이 내게 말했다.

"엄마, 너무 힘겨워 보여요. 제때제때 긴장 좀 푸세요."

하지만 나는 푸보를 도우미에게만 맡기는 건 불안했고, 그렇다고 내가 직접 모두 돌보기에는 힘에 부쳤다. 이 애달픔은 정말이지 겪어본 사람만이 알 수 있다.

나는 란란에게 이렇게 말했다.

"나도 가끔 짜증 내고 스트레스 좀 풀고 싶어. 어차피 네 아빠는 알아듣지도 못하고 기억도 못 할 텐데."

하지만 막상 푸보를 마주하면 차마 큰 소리를 낼 수 없어 이내 고개를 돌리고 말았다. 그렇게 마음을 오랫동안 억누르는 건 당연히 건강에 좋을 리 없었다.

긴 병에 효자 없다는데, 자식이 아니라 같은 노인은 얼마나 더 힘들겠는가!

심리적 압박감에 버금가는 다른 하나는 가정에서 돌볼 때의 '하드웨어' 문제다.

시즈구의 넓디넓은 단독주택에서 살던 우리 가족은 2016년에 난강에 위치한, 원래 살던 집의 4분의 1 크기의 아파트로 이사했다. 나는 단호한 성격이어서 세간살이를 처분할 때는 큰 고민이 없었지만, 그 작은 아파트 안에 장애인 편의 장치를 갖추는 데는 확실히 어려움이 있었다.

복도가 좁다고 해서 벽을 전부 허물 수는 없지 않은가? 전보다 방 크기가 확연히 줄었는데, 그렇다고 내부 구조를 바꾸려면 거실, 주방, 화장실 두 개와 방 네 개로 나뉜 이 집의 모든 벽을 허물고 처음부터 다시 올려야 했다. 그렇게 실내를 쓰레기 더미로 만들고 나서 다시 시멘트와 벽돌을 쌓아 올리는 것은 비용도 많이 들고 환경적인 측면에서도 좋지 않다.

결국 우리는 화장실에 몸을 지탱할 수 있는 손잡이를 설치하고, 목욕할 때 쓸 이동식 의자를 두는 것 정도로 만족해야 했다. 화장실 역시 크지 않고 안에는 욕조까지 있어 두세 명이 함께 들어가면 비좁아서 몸을 움직이기도 힘들었다. 편안하고 포근했던 집은 푸보의 부병 이후 필요한 물품들로 인해 점점 좁아져만 갔다.

말이야 바른말이지, 의료용 침대와 성인용 기저귀 조금 사 놓는 것 따위로 가정 돌봄이 가당키나 하겠는가?

나는 이런 비교 체험을 통해 주거 환경 및 설비 방면에서 가정 돌봄이 과연 최선인지 아닌지 직접 경험할 수 있었다.

푸보가 들어간 요양기관의 치매 병동은 모두 2인 1실을 쓰고 있으며 그 외의 다른 선택지는 없다. 그러나 방과 화장실 모두 일반 병원의 2인실보다 훨씬 크고 쾌적하다. 침대 간격도 널찍해서 침대를 90도 이상 돌려 움직이는 것도 가능하다. 타이베이시에 살면서 이만큼 큰 침실을 가질 수 있는 사람은 매우 드물 것이다. 그 밖에 화장실 설비 역시 병원보다 나을 뿐만 아니라 필요시 한꺼번에 여러 명이 들어가는 데도 무리가 없다. 이렇다 보니 요양기관은 전문적인 공간 배치,

장치 및 인력 구비 등 모든 면에서 가정 돌봄보다 우수하다.

일상에서 할 수 있는 활동을 비교해 볼까. 가정 돌봄을 했던 지난 몇 년간 나는 퍼즐, 종이접기, 블록, 색칠 공부 등을 시도해 봤지만 종이접기를 제외한 나머지는 전부 거부당했다.

또한 나는 푸보를 데리고 동네인 난강 외에도 송산, 다안구 지역까지 가서 나라에서 주최하는 각종 치매 환자 단체 활동에 참여해 봤다. 그러나 운동과 원예를 그렇게 좋아하던 푸보가 그 어떤 활동에 데려가도 코웃음만 치고, 손을 가지런히 모은 채 꿈쩍도 안 하리라고는 생각지도 못했다.

그래서 원예 활동도, 단체 율동 수업도 전부 나 혼자 열심히 참여했다. 노래는? 푸보는 대만어도 서툴고 노래도 못 해서 일찌감치 포기하고 나 혼자 마이크를 잡고 그의 호응이라도 유도하려 애썼다.

외국어 수업에도 참여해 봤다. 당시만 해도 약간의 대화는 가능했던 푸보가 이렇게 말했다.

"I can speak English. Why do I have to do this? (나 영어 할 줄 아는데 왜 이 수업을 들어야 해?)"

참 나. 뜬금없이 영어로 항의하다니! 나는 할 말을 잃었다.

푸보가 본인이 미국에서 유학하며 박사 학위까지 받고 돌아와 대학교수로 일했던 세월을 아직 기억하는지 알 수 없지만, 확실한 건 그 순간만큼은 본인이 영어를 잘한다는 사실을 기억했고 그래서 퇴직한 중학교 영어 교사의 수업을 듣고 싶지 않아 한다는 것이었다.

푸보를 요양기관에 보내고 나서 보니 그곳의 자원봉사자들은 물론 간호사나 요양보호사들은 전부 나보다 훨씬 젊어 신체도 건강하고 체력도 좋은 사람들이었다. 게다가 이들은 손발이 잘 맞아서 늘 서로를 돕고 있었다.

이들은 치매 환자들이 정상적인 일상생활을 유지할 수 있도록 매일 아침 간호사실이 있는 로비에 모여 일정표 및 각종 활동 시간표에 따라 규칙적으로 움직인다.

지금까지 그 어떤 활동에도 흥미를 보이지 않던 푸보마저도 이곳 사람들의 설득과 격려, 유도에 가끔은 못 이긴 척 적극적으로 활동에 참여한다. 기관에서 내게 보내주는 사진과 동영상 속 푸보는 앉아서 공을 던지기도 하고, 탄력 밴드로 운동을 하거나 그림을 그리기도 한다. 심지어 미소 띤 얼굴로 요양보호사와 함께 정원을 산책하기도 한다.

한번은 푸보가 간호사와 함께 춤을 추는 영상을 받았다. 음악에 맞춰 스텝을 밟으며, 우리가 젊었을 때 유행했던 지르박을 추는 게 아니겠는가! 푸보는 한쪽 손으로 간호사의 손을 잡고 매우 능숙하게 상대를 이리저리 돌리고 있었다. 아, 그가 아직도 미국 유학 시절 매년 5월 졸업식 전야에 열리던

댄스파티를 기억하는구나. 교정 한가운데 임시로 만든 넓은 무대에서 달빛을 받으며 학생, 동문 그리고 가족들 할 것 없이 모두가 화려하게 차려입고 춤을 추던 그때를. 진작에 산산이 부서져 버린 기억 속에 즐거웠던 청춘의 한 조각이 아직 남아 있는 걸까? 그의 경쾌한 춤 솜씨를 보며 나는 진심으로 그를 위해 기뻐했다.

기관에서 보내준 그 10초짜리 영상을 보고 또 봤다. 적어도 그 짧은 영상 속에서만큼은 푸보가 웃고 있었다. 즐거워하고 있었다.

시간은 속절없이 흘러 푸보가 요양기관에 입소한 지도 벌써 1년 6개월이 지났다.

최근 1년간 그는 수차례 응급실에 갔고 한 달간의 입원 생활을 거치며 지능과 체력이 급속도로 나빠졌다. 지금은 걷지도 못해 휠체어에 앉아 생활 중이다. 하지만 생활은 여전히 규칙적이고 정서는 안정적이다. 가족을 알아보진 못하지만 매주 만나는 나에게만큼은 종종 웃어주고 신체 접촉도 허락한다. 심지어 두 손을 맞잡거나 가볍게 손을 흔들어주기도 한다. 가끔은 내가 밥을 먹여줘도 가만히 있는다.

나 역시 푸보가 집을 떠난 후에야 병원에 가서 불면증, 불안증, 우울증 따위를 치료할 여유가 생겼다. 그뿐만 아니라 두 번의 입원을 통해 무지외반증 교정 수술도 받았다.

우리 둘은 각자 인생에 새로운 질서가 생겼다. 비록 두 번 다시 함께할 수는 없지만, 자신의 자리에서 최선의 삶을 살고 있다.

물론 '돌봄의 주체'에 대한 질문에 정답은 없다. 하지만 나와 딸 란란만큼은 확신하고 있다. 푸보를 요양기관에 맡겨 전문 인력의 돌봄을 받게 한 것이 우리 세 식구에게는 최선의 선택이었음을.

부담 주고 싶지 않아

주말이 되어 언제나처럼 딸 란란과 전화로 한창 수다를 떨고 있을 때였다. 별거 아닌 우스갯소리로 한참을 깔깔대고 나서, 딸이 문득 진지한 말투로 입을 열었다.

"엄마, 언젠가 그러셨죠. 나중에 엄마 아빠가 돌아가시면 모두 수목장으로 해달라고. 그 말 진심이었어요? 아니면 제게 부담 주기 싫어 한 말씀이세요?"

생각지도 못한 딸의 질문에 당황한 나는 곧장 되물었다.

"그러기로 한 거 아니었니? 갑자기 그건 왜?"

"진짜로요? 나중에 아빠가 돌아가시고 나서도 지금 말씀하신 것처럼 저한테 전적으로 맡기고 안심하실 수 있겠어요? 수목장 한다는 의견에 변함없이?"

나는 물론이라고 대답했다.

딸이 말을 이었다.

"엄마, 최근 들어 저한테 부담 주고 싶지 않다는 말을 자주 하는 거 아세요? 하지만 전 엄마 아빠를 위해 하는 일이 부담스럽다고 느낀 적이 단 한 번도 없어요. 다 제가 원해서 한 일인걸요. 그러니 안심하고 제게 맡겨주세요. '부담 주고 싶지 않다'는 말은 그만하셨으면 해요. 자칫하면 자식한테 부담되지 않으려는 마음 때문에 제일 부담스러운 사람이 될 수도 있어요. 엄마가 내리는 결정은 오롯이 엄마를 위한 것이었으면 해요. 제게 부담을 주지 않기 위해서가 아니라."

아, 그런 거였구나!

푸보를 요양기관에 보낸 다음 날, 눈물로 딸을 배웅하고 돌아온 집에서 발견한 생일 카드가 떠올랐다.

딸이 내게 남겨둔 그 카드 바깥쪽에는 아홉 개의 그림과 설명이 있었다. 먼저 잠옷과 슬리퍼 그림에는 '편한 옷', 와인과 와인 잔에는 '좋은 술 한 잔', 진수성찬이 차려진 식탁에는 '맛있는 밥 한 끼', 네일 케어 도구에는 '손톱 가꾸기', 케이크에는 '생신 축하해요', 마스크팩에는 '피부가 아름다워지는 순간', 포장된 음식에는 '가끔은 배달 음식', 부엉이 모양 알람 시계에는 '알람 없이 푹 자기', 마지막으로 따뜻해 보이는 담요 그림 밑에는 '포근한 담요'라고 쓰여 있는 식이었다.

카드를 열자, 안에는 편지가 빼곡히 적혀 있었다.

사랑하는 엄마께

카드에 그려져 있는 '나를 위한 일'을 엄마가 전부 해볼 순 없겠지만, 적어도 이 그림으로 이제는 엄마 자신을 위해서 살 때라는 걸 알려드리고 싶었어요.

집에서 보내는 일주일 동안 엄마가 지난 몇 년간 얼마나 힘들었는지 조금이나마 경험할 수 있었어요. 그리고 다시 한번 확신했답니다. 아빠를 그곳에 보내는 건 옳은 결정이었다는 걸요. 그곳에서는 완벽한 의료적 도움을 받을 수 있는 데다, 계속 이대로 살았다간 엄마가 먼저 망가져 버렸을지도 몰라요. 엄마가 망가지면 아빠를 돌볼 사람도 없고, 저도 어떻게 해야 할지 몰랐을 거예요. 그래서 저는 엄마의 이번 결정에 많이 감사해요.

있잖아요, 엄마. 엄마도 알겠지만, 이번 엄마 생일에 내 소원은 엄마가 천천히 자신을 다시 알아가는 시간을 보내는 거예요. 엄마의 원래 생활 리듬으로 돌아가 우선순위에 있는 일(병원 진료, 여행 등)을 해도 좋고, 관심은 있었지만 한 번도 시도해 보지 않은 일(술 한잔한다거나!)을 경험해도 좋고요. 그러면서 매사에 진솔한 감정으로 임하는 거예요. 다시는 누군가를 위해 양보만 하지 말고 자신을 위한 인생을 사세요.

할머니, 큰아버지, 그리고 아빠를 겪고 이제야 엄마가 한숨 돌릴 시간이 찾아왔네요. 천천히 시작해 보자고요!

영원히 엄마를 사랑하는 딸
란란 올림

그 생일 카드는 남편을 요양기관에 보낸 내게 딸이 보내는 격려와 기대였다. 그리고 이번 전화 통화는 딸이 보내는 경고였다. 부담 주기 싫다는 말로 더 큰 부담을 만들지 말라는.

치매 확진 후, 푸보는 진지하게 자신의 전 재산 및 신용카드, 사후 처리까지 할 수 있는 모든 권리를 내게 일임했다. 우리는 함께 은행에 가서 그의 퇴직금 계좌를 제외한 나머지 불필요한 계좌들을 전부 정리했고 신용카드도 정지시켰다. 또한 그는 사후의 일에 대해 말하고 싶지 않아 했지만, 나는 조금의 거리낌 없이 유언장을 미리 작성하게 했다.

한편 나는 1년 후의 퇴직을 준비하기 시작했다. 진행 중인 실험은 계속하면서 팀원들이 연구를 계속하거나 혹은 자리를 옮길 수 있도록 조정한 것이다. 동시에 연구실의 설비와 개인 물품 및 인수인계 파일 등을 정리했다.

퇴직 후 얼마 지나지 않은 2019년 1월, 대만 입법원에서는 '환자 자주 권리법'을 통과시켰다. 나는 푸보가 앓고 있는 알츠하이머병이 만성 질환이며 법률 절차를 통해 의료 결정을 하는 것이 최선이라는 사실을 잘 알고 있었다. 하지만 당시 그는 이미 글을 읽을 수도, 말을 알아들을 수도 없는 상태였다. 그러나 적어도 나는 스스로 의료 결정을 내릴 수 있고, 이는 내 동생들도 마찬가지였다. 우리 자매는 함께 병원에 가서 상담을 받은 후, 친구들의 입회 아래 '연명 치료 금지'를 결정하고 시신 기증 서약서에 서명 후 건강보험증에 이 사실들을 기록했다.

이 모든 과정이 끝난 후 나는 딸 란란에게 말했다. 인생이 끝나면 누구나 '재는 재로, 먼지는 먼지로' 돌아가는 법이라고. 그러니 나와 푸보는 수목장을 해달라고.

덧붙여 이 말도 전했다. 엄마보다 여섯 살 연상인 아빠가 통계적으로 봤을 때 먼저 세상을 떠나지 않겠냐고. 내가 아직 살아 있는 한 아빠의 사후 처리는 책임질 테니 부담 갖지 말라고 말이다.

나의 경우에는 시신 기증에 서약했기 때문에 사후에 딸이 급하게 귀국할 필요가 없었다. 기증할 장기가 정해지면 나머지는 화장할 테고, 유골은 언제 받을 수 있는지 알 수 없기 때문이다.

그러니 무덤도 없고, 자연히 벌초할 필요도 없으니 번거로울 일이 없다. 란란에게 아빠와 나를 마음속으로 기억해 주기만 하면 좋겠다고도 덧붙였다.

이런 말을 하며 나는 딸에게 할 말이 있는지 물었다. 그러자 그 애가 대답했다.

"엄마 몸이잖아요. 엄마 선택을 존중해요."

그렇게 말했던 딸아이가 지금 와서 이렇게 묻는 건 분명 깊이 고민한 결과일 것이다. 특히 내가 입에 달고 살았던 '부담 주고 싶지 않다'는 말 때문일 테고.

푸보의 투병 이후 나와 란란의 대화 중 상당 부분은 '사후 처리'에 관한 것이 되었다. 어떤 일이든 내 선에서 처리하며, 딸아이에게는 부담을 지우지 않는다는 것이 내 원칙이었다.

지금 사는 곳으로 이사 오며 나는 옛집의 모든 대형 가구와 음향 기기를 처분했다. 옷과 신발, 모자의 90퍼센트 이상을 기부했으며, 수년간 수집해 온 컵과 그릇 등의 주방용품을 비롯해 가전제품과 책꽂이에 가득 꽂혀 있던 수많은 책과 잡지까지 전부 나눠주었다. 푸보와 나 두 사람의 책만 합쳐도 셀 수 없을 정도로 많을 텐데, 나중에 이걸 딸아이가 혼자 정리하려면 얼마나 큰 부담이겠는가. 절대로 그 아이 혼자 처리하도록 둘 순 없었다.

이사 후에 나는 집 안의 중요한 서류는 어디에 뒀는지, 은행 계좌는 어디에 있으며 자필 유서 내용은 무엇인지, 문제가 생겼을 땐 누구와 상의하면 되는지 등을 딸에게 차례차례 알려주었다. 언젠가 관련 사항을 처리할 때 번거로움을 최소화하려는 것이었다.

나는 2차 세계대전 이후의 베이비붐 세대로, 전문성을 쌓아 일자리를 찾은 중산층에 속한다. 개인과 사회의 노력이 더해진 결과다. 이 세대에 속한 사람들은 대부분 어린 시절 잠깐의 고생을 겪었고 학창 시절에는 열심히 공부하고 취업 후에는 열심히 일하며 가정을 이룬다. 그다음에는 일과 가정을 모두 돌보기 위해 최선을 다하며 살아왔다. 평상시에 근검절약하고 부모와 시부모 모두 진심으로 공경하며, 자녀 교육에도 최선을 다할 뿐만 아니라 노후 대비도 신경 쓴다.

이 외에 이 세대의 가장 큰 특징 중 하나가 바로 자녀에게 짐이 되기를 원하지 않고, 그들의 보답도 바라지 않는다는 것이다. '효도'라는 두 글자를 꺼내는 대신 아이들의 독립과 자주를 바란다. 거침없이 시야를 넓히고 근심 없이 이 세상을 포용하며 자유롭게 자신의 인생을 살아갈 수 있도록 말이다. 그래서인지 내 또래 부모들은 자타 공인 가장 잘 '풀어주는' 부모로 불린다.

'부담 주고 싶지 않다'는 말은 그만했으면 좋겠다는 딸 란란의 이야기를 듣자 냉수마찰이라도 한 듯 정신이 번쩍 났다. 나는 그동안 내 입장에서만 생각하고 아이의 입장은 고려하지 않았던 것이다.

나는 자식에게 부담을 주거나 그 애를 번거롭게 만드는 일은 최대한 하지 않아야 한다는 마음 때문에 우리 아이가 가족의 일을 부담스러워하지 않는다는 것도, 부모를 돕고 나아가 사후를 책임지는 일을 번거롭게 여기지 않는다는 것도 미처 알아차리지 못했다.

그러고 보면 푸보의 병세가 심해져도 나는 란란과 그 책임을 분담한다거나 그 애가 집으로 돌아와야 한다고 생각해 본 적이 단 한 번도 없었다. 나는 줄곧 아이에게는 아이의 인생이 있으니 내가 아직 살아 있고 능력이 닿는 한 푸보는 내 책임이라고 여겼다.

한번은 이런 일도 있었다. 푸보와 한 사립 기관에 가서 회원 한정으로 열리는 치매 돌봄 수업을 들은 적이 있다. 그런 수업은 비용이 상당히 나가는데, 란란이 이 소식을 듣더니 자신이 전부 부담하겠다는 것이다. 나는 전혀 예상치 못한 그 애의 대답에 감동한 나머지 그 정도는 엄마도 낼 능력이 있으니 괜찮다고 대답했다. 그러자 란란이 말했다.

"그럼 필요할 때 저한테 꼭 말씀해 주세요."

이후 푸보가 입원했을 때, 때마침 음력설 연휴가 겹쳐 간병비가 배로 든 적이 있었다. 란란은 이를 듣자마자 자신이 비용을 내겠다고 말했다. 그때도 나는 그 애의 말을 듣자마자 내가 낼 수 있으니 신경 쓰지 말라고 했다.

돌이켜 보니 아이는 매 순간 함께 참여하고 분담하려고 했다. 항상 내가 거절해 왔을 뿐.

아파트 커뮤니티에서 함께 노래를 배우는 이웃 친구들에게 이런 내 고민을 털어놓았다. 대부분 나와 나이대가 비슷해서 그런지 이야기를 듣더니 하나같이 웃음을 터트리며 비슷한 경험을 털어놓았다. 알고 보니 다들 나와 마찬가지로 아이들의 짐이 되지 않는 것을 소명으로 삼고 있었다. 자녀들에게 무언가를 요구하는 일이 극히 드문 데다가 '부담되기 싫다'는 말을 입에 달고 살았다. 그리고 더 이상 어린아이가 아닌 우리 아이들이 그간 지겹게 들어온 그 말에 보이는 반응 역시 비슷했다.

한바탕 와자지껄한 토론 끝에 우리는 진심도 있고 능력도 되는 성인 자녀들은 모두 마음속으로 부모를 생각하고 아낀다는 사실을 깨달았다.

부모라는 사람들이 아무리 원하는 게 없더라도 온종일 '부담 주고 싶지 않다' 혹은 '번거롭게 하고 싶지 않다' 같은 말을 입에 달고 살면, 자녀들은 자신만의 방식으로 보답할 방법을 찾기 마련이었다. 부모와 외식할 때 먼저 계산하기, 아무 말 없이 부모 집 냉장고를 채워놓기, 부모가 차마 버리지 못해 쓰고 있는 낡은 가전을 몰래 새것으로 교체하기, 인터넷 쇼핑에 서툰 부모를 생각해 자신의 것을 살 때 부모의 몫까지 함께 사기, 연휴를 앞두고 온 가족이 다 같이 여행 갈 계획을 세우기…….

사실 우리 아이들은 책임 분담을 싫어하는 것도 귀찮아하는 것도 아니다. 아이들에게 부담을 주고 싶지 않은 것은 부모의 마음일 뿐이었다.

그렇게 한참을 웃고 떠들며 작은 결론을 하나 내렸다. 우리 부모들은 앞으로도 지금처럼 생각하고 행동하겠지만, 아이들의 성의를 봐서라도 '부담 주고 싶지 않다'는 말만이라도 최대한 참아보자는 것이었다.

사회가 변하면 문화도 자연히 변화한다. 부모 자식의 관계 변화 역시 그중 하나일 뿐이다. 이미 다원화된 사회에서 개개인의 차이는 일상이다. 전통 방식은 더 이상 주류가 아니며, 각 가정에 자기만의 방식이 있다는 것 또한 놀랍지 않다.

우리 세대는 더 이상 '효도'를 입에 올리지 않으며, 자녀들에게 '순종'을 강요하지 않는다. 덕분에 우리 자녀 세대는 우리에 비하면 보다 풍부한 자유와 선택지를 갖게 되었다.

지금도 가끔 란란이 농담을 가장해 지적하면 내가 생각 없이 내뱉은 말이 어떻게 들리는지 깨닫고는 한다. 그 애에게는 내 말이 '감정적 협박'처럼 들릴 때도 있겠지만, 우리 모녀는 이 또한 웃어넘길 수 있게 되었다. 딸도 알고 있다. 내가 일부러 그러는 게 아니라 우리 사이에는 피할 수 없는 세대 차이가 있을 뿐이라는 것을.

결론은 하나다. 부모 자식 간에 소통하고 배려하며 진심과 성의를 소중히 여기고 서로를 사랑하는 마음만 가득하다면, 부모가 무엇을 원하고 자식이 어떻게 하느냐는 조금도 문제되지 않는다.

나 자신으로 돌아가는 길

매년 연말이 되면 미국에 사는 딸 란란이 집으로 돌아온다. 올해에는 대선 투표까지 마친 다음 돌아간다고 하니 전보다 훨씬 오래 머문다.

이번 귀국길에 딸아이는 아빠를 보고 나와 함께 지내는 것 외에 무엇을 할까? 나는 무엇을 해줘야 할까? 나에게 란란은 딸이지만, 동창들에게는 오랜 친구가 아닌가. 우리가 사이좋은 모녀임은 믿어 의심치 않는다. 하지만 딸에게 나는 과연 어떤 엄마일까?

란란이 태어난 이후로 나는 줄곧 쉬지 않고 돌아가는 팽이

처럼 살아왔다. 곡예사가 두 손에 서너 개의 공을 잡고 저글링 하며 절대로 바닥에 떨어트리지 않기 위해 애쓰듯, 나 역시 각종 책임을 저글링 하며 균형을 잡아온 것이다.

휴일의 나는 주부가 되어 장을 보고 집안일을 했으며 매년 명절에는 며느리가 되어 맛있는 음식을 한 상 차리고 웃는 얼굴로 어른들을 모셨다. 딸이 어릴 때는 집안일이 끝나면 그 애를 데리고 연구실에 가서 함께 '숙제'를 했다. 그랬던 그 애가 학업을 마치고 취업한 이후부터는 일 년에 한두 번 만나는 손님이 되었다.

란란은 어릴 때부터 부모와 사이가 매우 좋았다. 하지만 나는 일도 하고 딸, 며느리, 배우자, 엄마의 역할까지 수행해야 했다. 내가 아무리 딸과 시간을 조금이라도 더 보내고 싶어도, 엄마라는 역할에 할애할 수 있는 시간이 그렇게 많지 않았다는 말이다. 딸이 아주 어렸을 적 병치레를 했을 때를 제외하면 내가 모든 것을 내려놓고 오롯이 엄마 역할에만 충실한 시간은 극히 제한적이었다. 어릴 적에는 아이가 내게 이렇게 말한 적도 있다.

"엄마, 지금은 내 말에만 집중해 줄 수 없어?"

란란이 어느새 무럭무럭 자라 직장인이 되자 이번에는 푸보가 치매에 걸려 뒷바라지가 필요해졌다. 내 역할은 24시간 대기조 간병인이 되었고 모든 일이 무조건 그를 중심으로 돌아가게 되었다. 그러는 동안 나와 딸은 둘도 없는 친구 사이가 되었다. 그 애에게 심적으로 의지할수록 엄마로서 내 역할은 색이 바랬다.

이번에 란란이 집에 오면 당연히 함께 푸보를 보러 갈 것이다. 하지만 나는 이제 그의 일거수일투족을 24시간 돌볼 필요가 없다. 그래서 나는 딸에게 당당히 선포했다. 네가 머무는 동안만큼은 너의 엄마로만 지내겠다고.

란란은 집에 돌아와 하룻밤을 보낸 후 다음 날 아침이 밝자마자 푸보를 보러 나와 함께 나섰다. 그때 우리의 역할은 배우자와 딸이었다. 봄인 줄 착각할 만큼 포근했던 겨울의 햇살 아래, 우리는 푸보의 휠체어를 밀고 정원으로 나와 일광욕을 즐겼다.

나는 단정한 용모와 청결한 복장을 한 푸보의 손을 꼭 잡았다. 가지런히 손질된 그의 손톱이 눈에 들어오는 순간, 나는 어딘가 낯설지만은 않은 다정함을 느꼈다. 나는 손을 뻗어 그의 목덜미와 옷소매도 살폈다. 전부 예전처럼 깨끗했다. 나와 란란은 푸보에게 말을 걸기도 하고 우리 둘이 대화도 하면서 그에게 밥을 먹여주었다.

그동안 매주 푸보를 보러 가서 찍은 사진을 빼놓지 않고 란란에게 보낸 덕분에, 란란도 아빠의 현재 상태가 놀랍지만은 않은 눈치였다. 그 애는 자신의 사랑스러운 아빠를 꼭 껴안기도 하고 손도 잡았다. 그리고 더 이상 걸을 수도, 사람을 알아볼 수도, 말을 할 수도 없는 아빠의 모습을 가만히 지켜보았다.

어느 순간, 포근한 햇살 아래에 있던 푸보의 눈빛에 서서히 생기가 돌더니, 천천히 한쪽 손을 뻗어 란란의 외투를 잡아당겼다. 하지만 우리 중 그 누구도 애써 의미를 부여하려고 하지 않았다. 치매 아빠가 마침내 딸을 알아봤다는 둥 호들갑 떨 것도 없었다. 우리 모두 잘 알고 있다. 치매는 돌이킬 수 없는 병이라는 걸. 이제는 그가 잘 먹고 잘 자고 몸 아픈 데 없이 평온하게 살아준다면 더 바랄 게 없었다. 어쩌다 나온 사소한 행동에 큰 의미와 기대를 부여하지 않기로 했다.

푸보는 늘 온화하고 예의가 바른 사람이었다. 사람들에게 너그럽고 부모를 공경하며 주변 사람들을 잘 챙겼으며 가르침에 열정적이고 일 처리는 공명정대했다. 딸 란란에게는 한없이 너그러운 아버지이자 나에게는 100퍼센트 신뢰할 수 있는 배우자였다. 인생의 마지막을 어떻게 마무리할 것인지 직접 선택하진 못해도 여한이 없을 만큼 가치 있는 삶을 살았다. 지금 그에게 남은 건 본능적 욕구 외에 아무것도 없다. 누군가 자신을 찾아와 주길 기대하지 못하고, 곁에 남은 가족이 아무도 없음에 슬퍼할 일도 없다. 늙어 죽어가는 일에 두

려움을 느끼지도 않는다. 그저 좋은 보살핌을 받을 수만 있다면 그것만 한 행복과 자유가 없다.

게다가 그에게 병문안을 가는 건 우리의 뜻일 뿐 그가 요구한 일이 아니었다. 그러니 그 순간 우리는 그를 보는 것만으로도 더 바랄 게 없었다. 그가 우리를 보고 아무런 반응을 보이지 않아도 슬프지 않았다. 그가 우리를 향해 웃어 보일 때면 우리도 마주 웃었다. 그를 사랑하는 지금의 우리 모녀에게는 그의 어떤 대답도 필요치 않다.

요양기관의 의료진과 상의한 결과, 병문안 역시 너무 자주 올 필요가 없어 보였다. 지금 이대로 일주일에 한 번이면 푸보의 규칙적인 일상생활에 영향을 미치지 않는 동시에 나 역시 란란과 둘만의 시간을 보내기에 적당했다.

덕분에 란란의 이번 휴가 기간에는 우리 모녀가 함께 온천 마을에 가서 편안하고 만족스러운 휴양을 즐길 수 있었다. 란란은 여행 갈 때 말고는 대부분 집에 붙어 있었다. 다른 계획이 아무것도 없었던 우리는 그저 먹고 마시거나 산책을 했다. 물론 집에서 란란이 어릴 때 좋아하던 음식을 잔뜩 요리해 먹는 것도 잊지 않았다.

갓 태어난 란란을 안아 들고 병원에서 집으로 돌아온 그날이 떠올랐다. 그때부터 나는 란란에게 자기 방을 만들어주고 독립성을 키웠다. 중고등학교 6년 동안에는 기숙학교에 보내 단체 생활을 익히게 했다. 란란은 집에서 멀리 떨어진 타국으로 대학 진학을 했고, 현재까지 고군분투하며 독립적으로 살아가고 있다. 나는 이제야 비로소 전업 엄마의 즐거움을 온전히 느끼게 되었다.

휴가가 끝나고 란란은 예정대로 미국으로 돌아갔다. 그러나 나는 마음이 더 이상 힘들지 않았으며 마지못해 사는 태도로 하루를 보내는 일도 없었다. 대신 기대에 부풀어 우리 모녀의 다음 여행을 계획하고 친구들과 약속을 잡으며 좋은 책을 읽고 취미 생활을 즐겼다.

그동안 어깨에 한가득 짊어지고 있던 책임을 내려놓았다. 다시는 그 누구도 책임질 필요가 없었다. 지금 나는 인생의 황혼기에 서 있다. 나에게 남은 책임은 푸보가 나를 필요로 할 땐 배우자가 되고, 딸이 나를 부를 땐 엄마가 되어주는 것뿐.

앞으로의 나는 미련 없이 나 자신으로 돌아가 꾹꾹 눌러 담아도 부족하기만 한 여생을 즐길 것이다.

추신

란란

푸보와 추위의 딸

2020년 10월, 3년 만에 집에 돌아왔다. 귀국 후 곧장 방역 호텔에서 정부 규정대로 자가 격리 기간을 거쳤다. 퇴실을 며칠 앞두고부터 낮에 외출이 가능해지자마자 엄마와 역에서 만나 함께 차를 마시러 갈 약속을 잡았다. 살이 좀 빠졌다는 엄마의 말에 마음의 준비는 단단히 해두었지만, 막상 직접 본 순간 얼마나 놀랐는지 모른다.

그건 살이 '좀' 빠진 게 아니라, '너무' 빠진 정도였다. 게다가 그동안 인상을 얼마나 찌푸리고 있었는지, 웃을 때조차 미간에 내 천(川) 자 주름이 선명했다.

미국에 있던 나는 코로나19로 인해 몇 년간 대만으로 돌아올 수 없었다. 매주 엄마와 통화를 하며 아빠의 기억력과 인지 능력의 퇴화 속도가 상당히 빠르다는 사실은 알고 있었다. 원래는 '어디 가?', '기다려' 같은 간단한 문장들은 그나마 알아들었는데 점점 말이 안 통하더니, 급기야 양치나 목욕 같은 기본적인 생활 습관을 지키는 일조차 하늘의 별 따기가 되었다는 것이다. 게다가 한번 고집을 부리기 시작하면 장정 몇 명도 못 당할 정도라니, 50킬로그램도 안 나가는 나이 일흔의 엄마는 오죽했겠는가.

엄마는 매주 아빠의 근황을 알렸다. 덕분에 나는 매일 저녁 엄마와 도우미가 아빠를 재우고 나면 안방을 제외한 집 안의 모든 조명을 끈다는 사실을 알고 있었다. 아빠가 다른 방에 불이 켜져 있는 걸 알아차리면 분명 일어나서 다신 안 자려고 할 테니 말이다. 엄마는 매일 잠든 지 두세 시간 만에 깨어나, 혹시라도 자신이 잠든 틈에 아빠가 혼자 밖으로 나갔을까 봐 얼른 아빠의 기척을 살폈다고 한다. 그사이 엄마는 잠이 깨버려 다시 잠들지 못했다.

낮에는 내내 긴장하고 밤에는 잠을 못 자 정신 건강에 가해진 막대한 손상은 곧 엄마 몸 곳곳의 반응으로 나타났다. 하지만 엄마는 아빠를 돌보느라 병원에 갈 시간이 없었다.

의사 선생님은 치매 환자에게는 매일매일이 '과도기'라고 하셨다. 확실히 아빠에게 새로운 증상이 끊임없이 생기고 있었다. 원래는 스스로 씻던 아빠가 어느 날 갑자기 목욕을 거부했고 그런 아빠를 씻기기 위해 고군분투하는 엄마의 고생길이 시작되었다. 몸이 불편한 척 함께 욕실에 들어가 씻기기도 했지만, 그 방법도 곧 먹히지 않았다. 그때부터 어떻게든 머리를 쥐어짜서 새로운 방법을 만들어야 했다. 며칠 전만 해도 잘 통하던 방법이 오늘 갑자기 무용지물이 되는 날도 허다했다. 엄마는 항상 '며칠째 목욕을 못 시켰는데 어쩌지?' 혹은 '기본 청결 상태를 유지하려면 무슨 말로 구슬려야 할까?' 따위를 고민해야 했다.

엄마가 아침에 일어나서 제일 먼저 하는 일은 말도 안 통하는 아빠를 달래 아침밥과 약을 먹이는 것이었다. 점심까지 어떻게든 시간을 때우고 나면 제시간에 점심밥까지 먹여야 했다. 그런 다음 영화관에 가서 아빠가 알아듣지도 못하는 영화를 보고, 해가 지면 산책을 했다. 그런데 어떤 날은 산책을 마친 아빠가 집에 돌아오자마자 몸을 홱 돌려 다시 나가려 할 때도 있었다.

"나 산책하러 갈 거야."

"방금 했잖아, 집에 들어가자!"

"아니야, 산책할 거야."

그럴 땐 무슨 수를 쓰든 끌고 들어와 저녁밥을 먹여야 했다. 약은 식사가 끝난 후 바로 먹이면 안 된다. 정해진 시간까지 기다렸다가 아빠가 약을 드시면 침실에 누워 잠을 자도록 유도하는 것이다. 그러는 사이사이 목욕과 양치도 시켜야 한다.

엄마가 그랬다. 시간을 매일 '견디고' 있는 것 같다고. 어렵사리 하루를 견디고 나면, 또다시 견뎌야 할 힘겨운 하루가 시작된다고. 심지어 온종일 대화 상대조차 없지 않은가. 아빠의 대화 능력은 일찍이 사라졌으니.

함께 사는 사람이 있어도, 엄마는 늘 혼자였다.

아빠의 증상이 처음 시작된 이후 지금까지 나는 열심히 엄마 말에 귀 기울였지만, '딸'의 입장에서 무너져 가는 엄마의 정신을 그저 손 놓고 보고만 있는 기분이 들기도 했다. 그럴 때 대만에도 미국처럼 원활하고 합당하게 감정을 표출할 수 있게 돕는 심리 치료 자원이 충분하면 좋겠다고 바라곤 했다. 그러니까 정신의학과 의사가 아니라 상담심리사 말이다. 푹신한 의자에 앉은 환자의 말을 들어주고, 약을 처방해 주진 않지만 안전하고 편안한 공간에서 평소 말하지 못했던 속마음을 털어놓을 수 있게 해주는 것.

하지만 엄마는 이를 원하지 않았다. 늘 아무 문제 없다고, 아픈 곳도 없고 약도 먹기 싫다고만 하셨다. 그러니 나도 더 이상 강요할 순 없었다. 엄마가 팽팽하게 당겨지는 줄처럼 어느 날 갑자기 툭 끊어지는 건 아닌지 마음을 졸이며 지켜보는 수밖에. 그래서 엄마가 아빠를 더 이상 홀로 돌볼 수 없어 치매 요양기관의 전문가들에게 맡기려 한다는 말을 꺼냈을 때, 더 들을 것도 없이 두 손 들어 지지했다. 나는 아빠가 기관에 들어가기 직전에 귀국해 세 식구가 함께 집에서 보내는 마지막 시간을 즐겼다.

아빠가 그곳에 입소하는 게 안쓰럽진 않냐고? 물론 안쓰럽다. 그러나 나는 매 순간 아빠를 위해서 사느라 심신이 피폐해진 채로 스스로를 잃어가는 엄마도 너무나 안쓰러웠다. 그래서 이 결정이 두 분을 위한 최선이라고 생각했다. 아빠는 한층 전문적인 돌봄을 받을 수 있고, 엄마 역시 지난 4년 내내 이어진 긴장을 마침내 풀 수 있을 테니까. 이대로 뒀다간 얼마 지나지 않아 엄마 역시 쓰러졌을지도 모를 일이다.

아빠가 요양기관에 들어간 이후, 엄마는 44년 만에 처음으로 혼자 살게 되었다. 한동안 적응 기간이 필요해 보였다. 초반에는 엄마도 아빠가 그곳 생활에 잘 적응할지 걱정되어 매일 대기조 자세로 지냈다. 심지어 본인의 수술이나 건강 검진도 미룬 채 매사를 '아빠에게 무슨 일이 생기면, 내가 곧바로 달려가 처리해야 한다'는 각오로 임했다. 심지어 요양기관이 집에서 다소 먼 곳에 있었는데, 엄마는 지금 집을 떠나 그 근처로 이사할 생각까지 했다.

나는 엄마에게 일주일에 한 번만 와도 된다고 말해준 기관 사람들이 얼마나 고마운지 모른다. 물론 이것은 치매 환자들이 규칙적인 생활을 익히게 하기 위한 방침이다. 가족들이 자주 방문하면 생활 질서가 쉽게 흐트러지기 때문이다. 게다가 엄마가 왕복으로 네 시간쯤 걸리는 그곳에 매일 찾아갔다면 다른 일은 아무것도 못 했을 것이다.

이 자리를 빌려 이모들과 엄마의 친구분들께도 감사 인사를 전하고 싶다. 그분들이 별일 없어도 식사 약속을 만들어 엄마를 밖으로 불러내거나 함께 노인 체육을 배우고 때로는 집으로 놀러 와 엄마의 하루가 다채로워졌다. 덕분에 엄마가 점차 자기 자신을 되찾을 수 있었다.

이 시기에 아빠 역시 새로운 생활에 조금씩 적응하고 있었고, 엄마는 그곳 의료진에게 신뢰를 느끼고 있었다. 그렇게 엄마는 '혼자만의 싸움'에서 벗어나 아빠를 함께 돌보는 '팀'의 일원이 되어갔다. 엄마가 발을 치료하려고 한 시간 정도 걸리는 수술을 받기로 결심했을 때 나는 안심했다. 엄마가 '수술 후 3개월 동안은 아버지를 찾아가지 못한다'라는 사실에도 동요하지 않는 모습을 보였던 것이다. 마침내 엄마가 안정을 찾고 삶의 중심을 자기 자신에게로 되돌려 놓기 시작했다고 생각했다.

2023년 11월, 엄마가 한국 여행을 가자고 제안하셨다. 사실 그동안 줄곧 나와 여행 가고 싶다고 말씀하시긴 했다. 하지만 이 제안도 어느 정도 김이 빠진 상태였는지 일주일쯤 지나자 몸이 안 좋아 멀리 떠날 순 없을 것 같다며 말을 흐렸다. 나는 비교적 가까운 국내 여행지를 제안했고, 그렇게 나와 엄마는 2박 3일간 온천 여행을 다녀왔다. 푹 쉬고 가뿐한 마음으로 돌아온 엄마는 확실히 전보다 많이 즐거워 보였다.

그 후 엄마는 단골 식당 사장님이 1년에 한 번 아프리카로 단체 여행을 다녀온다는 말을 듣고는 거기에 참가 신청을 했다는 소식을 내게 신나게 전했다. 또한 친구들과는 유럽 여행 계획을 짜기 시작했으며 노래 수업과 글쓰기 프로그램에도 더욱 적극적으로 참여했다.

앞으로 다가올 일들을 이야기할 때 엄마의 얼굴에 환한 빛이 돌았다. 처음 여행을 제안했을 때 지쳐 있던 그 얼굴과는 사뭇 대조되는 표정이었다. 나는 확신할 수 있었다. 엄마가 마침내 우울에서 벗어나 자신을 위한 삶을 살기 시작했음을. 참 다행이다.

추천의 말

정희원

내과 전문의
유튜브 〈정희원의 저속노화〉 운영자
MBC 라디오 〈정희원의 라디오 쉼표〉 진행자

그동안 연구자로서는 데이터를 통해 사람들이 나이 들어가는 모습을 간접적으로 천착했고, 노년내과 의사로서는 진료실에서 치매를 경험하는 분들의 경과를 조각조각 경험했다. 왜 정신행동증상이 생기는지, 앞으로는 무슨 일들이 있을 것인지를 설명해 드리기도 했다. 그러나 환자를 돌보는 가족들의 깊은 고통 앞에서 의학적 조언만으로는 채울 수 없는 무력감을 느낄 때가 많았다. 사람마다 다른 모습으로 나타나는 병의 경과, 그 곁을 지키는 이들의 저마다 다른 고충을 온전히 공감하는 건 늘 어려운 숙제다.

그런 점에서 언어학자인 작가가 한 글자 한 글자 눌러 담은 이 기록은, 데이터와 진료 기록만으로는 결코 엿볼 수 없는 치매와 돌봄의 세계를 한 편의 영화처럼 생생하게 눈앞에 펼쳐 보인다. 한때 지성으로 빛나던 한 사람이 사랑하는 이와의 소통이 단절되고, 익숙했던 모든 것을 잃으며 마치 거꾸로 아기가 되어가는 듯한 모습은 치매라는 병의 본질을 아프도록 선명하게 드러낸다. 이는 단순한 기억 상실이 아닌, 한 사람의 세계가 소멸하는 과정이다.

  모든 치매 환자가 이토록 빠르고 험난한 과정을 겪는 것은 아니다. 하지만 이 책은 우리가 질병의 통계나 단편적인 증상 너머에 있는 한 인간과 그 가족의 존엄, 사랑, 슬픔을 깊이 이해하도록 돕는다. 이 글을 통해, 더 많은 사람이 치매를 오롯이 마주하고 그 곁을 지키는 이들의 삶을 따뜻하게 보듬을 수 있기를 바란다.

홍란

**타이베이 의학대학 및
국립중앙대학 강좌교수**

어릴 적, 잉차오 다리 밑에는 책을 읽어주는 이야기꾼이 있었다. 아버지를 따라간 그곳에서는 이야기꾼이 「진경매마」°의 마지막 한 구절을 읽고 있었는데, 주위에서 긴 한숨과 탄식이 흘러나왔다.

"아! 제아무리 영웅이라도 병 앞에서는 장사 없구나!"

그럼 앞쪽에서 부채를 부치던 노인들이 맞장구를 쳤다.

"그럼, 그럼! 늙는 것보다 무서운 게 병드는 거거든!"

○   경극의 한 구절. 진경이라는 영웅이 곤란을 겪어 자신의 말을 팔아야 할 위기에 처한다.

어렸던 나는 그 말을 이해할 수 없었지만 지금은 누구보다 잘 안다.

1950년대만 해도 사람들이 제일 무서워하는 질병은 바로 '암'이었다. 당시만 해도 암은 불치병이었다. 치료제가 없어서 죽는 날만 기다리는 수밖에 없었으니까. 1980년대가 되자 이는 '에이즈'로 바뀌었다. 많은 경우가 성관계를 통해 전염되다 보니 죽는 건 둘째 치고 사회적으로 상당히 멸시받는 질병이었다. 1990년대에 들어선 이후 사람들은 '치매'라는 이름만 들어도 질겁했다. 심지어 암보다 더 끔찍이 여겼다. 치매는 정작 걸린 사람은 자신이 아픈지도 모른 채 잘 먹고 잘 자지만, 옆에서 간병하는 사람은 3대가 고생한다고 할 정도로 삶이 피폐해지기 때문이다.

의학의 발전으로 암과 에이즈는 이미 표적치료제나 특효약이 생겼지만, 알츠하이머병만큼은 여전히 완치제가 없다. 기껏해야 증상을 완화하는 정도가 전부다. 암 중에서 가장 치명적이라는 췌장암도 사람의 신체만 침식하는데, 이 병은 우리의 대뇌까지 집어삼켜 인간의 존엄을 전부 다 잃게 만드는 바람에 차라리 죽는 게 낫다는 생각까지 들게 한다.

일례로 미국의 천재 코미디언 로빈 윌리엄스는 '루이소체 치매(Dementia with Lewy body)' 진단을 받은 후 자살을 택했다. 옷장에서 무릎 꿇은 자세로 옷걸이에 목을 맨 방식만 봐도 죽음에 대한 그의 의지가 얼마나 강렬했는지 알 수 있다. 루이소체 치매를 연구하는 동료 중 한 명은 이 소식을 듣더니 이렇게 탄식했다.

"나라도 그런 선택을 했을 것 같아. 이건 사람이 견딜 수 있는 병이 아니거든."

의사도 이토록 두려워하는데 비의료인들은 오죽하겠는가.

나는 예전에 대뇌 기억에 관한 연구를 진행한 덕분에 이 병에 대해 조금은 알고 있었지만, 실제 환자와 접촉해 본 적은 없었다. 그래서 이 책을 읽으며 치매라는 병이 어디까지 참혹해질 수 있는지 깨닫고 적잖은 충격을 받았다. 더욱이 나는 작가 부부를 예전부터 알고 지냈기에 치매 후 남편이 보인 각종 행동들을 더욱 받아들이기 어려웠다. 마음속으로 '말도 안 돼!'를 수십 번은 외쳤던 것 같다. 이것이 바로 이 책을 읽어야만 하는 이유다. 뇌 건강에 관심을 가지며 생활하다가 책에서 묘사된 증상이 보이면 즉시 병원을 찾는 것이 좋다. 완치는 불가능해도, 증상을 완화할 순 있으니까.

치매가 시작되면 가장 먼저 단기 기억 상실 증상이 나타난다(이때 단기 기억의 중심인 해마에 병변이 보이는데, 우리가 입력한 정보는 이곳에서 먼저 처리된 후 장기 기억으로 변환된다). 그래서 책 속의 남편은 자신이 방금 뭘 했는지는 기억 못 하지만,

그의 전뇌는 아직 멀쩡하기에 아내에게 이렇게 반문할 수 있는 것이다.

"난 아픈 데도 없는데 왜 약을 먹어야 해?"

공간 기억은 해마의 뒷부분에서 처리하는데, 이곳이 제 기능을 잃기 시작하면 이 책의 사례처럼 줄곧 앞서 걷던 남편이 어느 날 갑자기 "당신이 앞장서"라며 부인 뒤에서 걷는 일이 발생한다. 이런 증상은 의사들이 초기 알츠하이머병 여부를 판단할 때 근거가 되는 단서이기도 하다. 만약 60년간 한 시장에서 장을 보던 사람이 갑자기 집에 돌아가는 길을 찾지 못한다면 치매에 걸렸을 가능성이 있다.

공간 위치를 파악할 때는 많은 대뇌 자원이 필요하다(그래서 노인이나 환자의 환경을 계속 바꾸는 것은 좋지 않다). 작가의 남편은 해마 신경세포가 계속해서 죽어나간 탓에 대뇌 자원이 부족해져, 다시는 방향 식별이라는 중요한 임무를 맡을 수 없게 되었다. 그러나 체면 때문에 길을 잊어버렸다는 말 대신 부인에게 '앞장서'라고 했을 것이다.

언어학자인 작가는 글의 표현이 정확하고 사고가 논리적이다. 그녀의 세심한 관찰력 덕분에 이 책은 알츠하이머병을 묘사하는 여타 책과 매우 다르다. 뇌를 공부하는 학생들이 책 속에서 묘사되고 있는 환자의 점진적인 증상 변화를 통해 대뇌 내부의 어느 부분이 손상됐는지 추측이 가능할 정도다. 수업과 임상이 모두 잘 반영된 좋은 책이라 할 수 있다.

환자는 초반에 자신의 행위에 자꾸 이유와 핑계를 찾는 모습을 보이는데, 이것이 바로 해마의 주요 기능 중 하나다. 우리의 해마는 4세 반에서 5세 정도가 되어야 성숙한다. 유치원생들이 잘못을 저지르고 어른들에게 혼날 때, 형님 반 아이들은 자꾸만 말대꾸하는 반면 동생 반 아이들은 인정하고 가만히 있는 것도 이 때문이다. 또한 환자의 편집증적 행위는 대뇌에 있는 꼬리핵 부분의 손상에서 기인하는데, 이곳의 기능을 상실하면 환자는 아무리 말해도 듣지 않으며 말려지지도 않는다. 환자가 산책을 몇 번 했는지 기억 못 하고 목욕을 세 시간씩 하는 이유는 계산 능력을 상실했기 때문이다.

책에도 나와 있듯이 작가의 시어머니와 아주버님 역시 치매를 앓았다. 따라서 남편도 Apo E4(Apolipoprotein E4) 인자를 가지고 있을 가능성이 크다. 즉, 치매는 유전성이 있다는 뜻이다. 나의 제자 중 한 명도 결혼 후 출산은 하지 않겠다고 해서 연유를 물어보니 시부모 두 분이 모두 치매였다고 한다. 자기의 자식만큼은 그런 모습으로 세상을 떠나게 하고 싶지 않다는 제자의 말이 얼마나 가슴 아프게 들렸는지 모른다.

현대인들은 치매에 대한 두려움으로 뇌 건강에 많은 관심을 기울이고 있다. 시장에는 이를 위한 수많은 '영양제'도 나와 있다. 나를 찾아오는 제자들의 손에도 각종 '항노화' 영양제가 들려 있다. 사실 뇌 건강을 위한 최고의 방법은 새로운 것을 배우고 매일 머리를 쓰는 것이다. 손상된 콜린 세포를 노르에피네프린(Norepinephrine)에 담그면 일부 회복된다는 실험 결과가 있다. 또한 시카고대학 연구자들은 뇌간의 청색 반점 신경세포의 수와 노르에피네프린의 분비 농도를 통해 80세 노인의 6년 후 알츠하이머 발병 가능성을 예측할 수 있음을 밝혀내기도 했다. 따라서 대뇌에 대해 이해하고 이 질병에 대해 아는 것은 도움이 된다.

지식은 힘이다. 지식이 있어야 판단력도 생기며, 사소한 일을 잊은 것에 지레 겁을 먹고 병원으로 달려가 뇌 스캔부터 하는 일을 피할 수 있다.

인생은 예측 불가능하다. 그저 한 걸음 한 걸음 내딛는 수밖에. 그러다 불운을 만나면, 이 책의 작가처럼 역경 속에서도 자신과 환자 사이의 평행을 지키려 최대한 노력하면서 끝까지 살아가는 법을 익히자. 그것만이 유일한 방법이다.

진슈리

상담심리사

 작가 정추위의 집에서 차를 마셨다. 사람 수에 맞춰 정갈하게 놓인 식기가 집주인이 얼마나 세심하고 다정한 사람인지 한눈에 보여주었다. 그녀가 직접 준비한 다과가 차례차례 상에 올라왔다. 손님들은 새로운 간식이 나올 때마다 연신 감탄하며 요리법을 물었다. 그럼 그녀는 단팥죽을 만들기 위해서 팥 몇 그램에 물은 몇 컵을 넣었는지, 얼마나 끓이고 다시 얼마나 뜸을 들이면 이렇게 부드러운 식감이 되는지 정확한 수치로 대답했다. 그녀가 요리라는 '실험'을 통해 하나하나 알아낸 최고의 배합이었다.

나는 예전에 작가를 취재한 경험이 있기에 학문에 대한 그녀의 깊이와 열정, 그리고 학술적 성과가 얼마나 훌륭한지 잘 알고 있었다. 게다가 우리는 같은 모임에서 만나 서로 알고 지낸 지 20년이 넘은 자매 같은 사이다. 자신에게 엄격하고 규율과 효율을 중시하며 자기 발전을 위해 부단히 노력하는 그녀의 성격 또한 이미 너무도 잘 안다. 이런 성격이 그녀의 생활 태도에서도 느껴지고 있었지만, 책을 보기 전에는 사실 이 정도로 자신에게 엄격하리라곤 정말이지 생각지도 못했다.

통제력을 가지는 것은 건강한 심리를 위한 필수 요소인 동시에 행복의 원천 중 하나다. 이는 심리학 관점뿐만 아니라 여러 실증 연구를 통해서도 증명되었다. 인간은 어떠한 일의 결과를 통제할 수 있다고 믿을 때 개인의 우울감, 신체 건강 상태, 부정적 감정이 모두 감소한다. 그렇기에 나는 작가가 자신의 삶에 대한 통제력을 조금씩 잃어갈 때, 심지어 매일 아침 일어날 때마다 어제보다 더한 통제 불능의 상태를 맞닥뜨릴 때 그녀가 느꼈을 공포와 무력감이 어느 정도였을지 감히 상상할 수 없다.

남편의 인지 능력이 점점 떨어지면서 작가 역시 친밀한 관계를 맺었던 대상을 상실하고, 역할 전환의 가능성을 잃었다.

사회적 교류의 기회는 물론이고 무엇보다 환경에 대한 통제력을 상실했다. 제아무리 같은 경험을 해본 사람이라도 저마다 경험한 상실과 슬픔은 다르기에, 그녀가 겪은 고통을 완전히 이해한다고 말하긴 어려울 것이다.

치매 환자의 보호자들은 삶이 곧 전쟁이다. 단 1분도 쉬거나 한눈팔 수 없다. 사고는 언제나 방심하는 순간 일어난다.

이 책을 읽으며 나는 작가의 안위가 걱정되고 답답하기도 했지만, 한편으로는 그녀의 기지에 감탄이 나왔다. 약을 먹이고 씻기고 밥을 먹이고 잠을 재우고 진료를 받는 모든 순간에 사고가 터지는데 그녀는 그때마다 다양한 방법으로 응수한다. 그러다 도무지 방법이 생각나지 않을 때면 스스로 이렇게 되뇐다.

"심호흡하고 방법을 생각해 내자. 집중해, 집중."

하해와 같은 사랑이 없었다면, 과연 이런 초인적인 인내심과 문제를 해결할 지혜를 짜낼 수 있었을까?

남편의 병세가 확연한 와중에도 이 부부는 유럽, 일본, 동남아 등 많은 나라를 여행했다. 오로지 여행을 좋아하는 남편을 위해서였다. 보호자의 고생은 이루 말할 수 없었음은 물론이다. 병원 진료를 받으러 가서는 남편이 길을 잃을까 염려되어 자신의 생리 욕구까지 전부 참을 정도였으니.

하지만 점점 자주 발생하는 예기치 못한 상황에 불면증까지 덮치자 그녀의 심신은 더 이상 버틸 힘이 없었고, 결국 오랜 고민 끝에 남편을 요양기관에 보내기로 한다. 다행히 그런 방황의 시간을 겪은 후 이 부부는 각자의 새로운 질서를 찾아 잘 살아가고 있다.

작가는 뼈에 사무치는 이 경험을 기록하여 보호자의 역할이란 한 번으로 끝나는 게 아니라 계속해서 이어지는 일련의 과정이라는 사실을 여실히 보여준다. 그래서 더욱 자기 자신을 돌볼 줄 알아야 한다. 이에 나는 그녀의 경험 속에서 몇 가지 배울 점을 찾을 수 있었다.

첫째, 지원 시스템을 구축하여 보호 요소를 강화하기.

작가는 가족과 친구들로 구성된 비상 연락망을 가지고 있다. 그녀는 평소 딸과의 통화에서 부유하는 마음에 닻을 내리는 것과 같은 안정감을 느꼈다고 한다. 그녀는 앞장서서 몇몇 친구들을 모아 지원단을 만들었다. 혹시 모를 긴급 상황을 대비하기 위해서다. 우리가 위기에 직면했을 때 손을 내밀어 주는 누군가가 있다는 것이 얼마나 큰 심리적 안정과 힘을 주는지 모르는 사람은 없을 것이다. 그러므로 적극적으로 '도움이 필요해'라고 외칠 수 있는 능력은 매우 중요하다.

둘째, '최고'에 대한 강박보다 '최선'을 다한 데 만족하기.

작가는 이 책에서 남편을 잃어버리지 않기 위해 자신이 얼마나 막대한 대가를 치렀는지 이야기한다. 모든 일을 직접 처리하고 아주 사소한 일까지 세심히 신경 쓰며 남편에게서 절대 눈을 떼지 않는다. 그를 위해 자신의 욕구는 모조리 뒷전으로 미뤄둔다. 사실 모든 일이 완벽할 필요는 없다. 잠깐이라도 자기 자신을 용서할 줄 알아야 심신의 안정을 유지할 수 있다. 이런 일은 마라톤과 같아서 스스로가 지치지 않아야 환자도 잘 돌볼 수 있다.

셋째, 잠시라도 숨 돌릴 공간이 필요할 땐 사회적 자원을 활용하기.

치매 관련해 제공되는 사회적 자원을 활용하자. 돌봄의 부담을 나누어 자신에게 숨 돌릴 기회를 주어야 한다. 하루에 단 30분만이라도 혼자만의 고요한 시간을 가지는 것도 좋겠다.

넷째, 감정 조절하기.

인지 능력을 상실한 상대에게 작가는 변함없이 웃는 얼굴과 나긋나긋한 말투로 대했지만, 그것이 본인에게는 큰 스트레스로 다가왔다. 마음 건강을 위해서는 화나고 눈물 나는 감정을 인정하고 자신의 감정이 자연스럽게 흐르도록 두는 편이 좋다.

다섯째, 자신의 노력을 긍정하기.

내면에 귀 기울이고, 자신에게 말을 걸어보자.

"환자를 돌보는 건 정말 쉽지 않은 일이야. 수고했어!"

"충분히 잘하고 있어!"

주변 사람들이 보호자를 격려하고 싶을 때도 조언보다는 이런 식으로 말을 건네는 게 좋다. 치매 환자는 발달 단계마다 각종 무질서한 행동을 보이는 데다 모든 환자의 상황이 개별적이다. 따라서 아무리 호의로 건네는 조언이라 할지라도 사실 매일같이 환자와 함께 고군분투하는 보호자를 오히려 맥 빠지게 만들 수 있다.

책의 마지막에서 작가는 자신의 상실에 새로운 의미를 찾았다. '그를 사랑하는 지금의 우리에게는 그의 어떤 대답도 필요치 않다'는 것.

그녀는 아무런 반응이 없는 남편을 마침내 내려놓았다. 남편을 향한 그녀의 사랑은 그 어떤 보답도 필요치 않은 것이다. 이를 통해 우리는 그녀가 전력을 다한 뒤 마침내 평안과 자유를 찾았으며, 고난을 겪은 후 회복하려는 의지도 지니고 있다는 것을 알 수 있다. 자기 자신으로 돌아와 여생을 살아가는 그녀에게 축복을 가득 보낸다.

류슈즈

타이베이 룽민종합병원 의사
국립양밍교통대학 임상겸임교수

중앙연구원 언어학 연구소 소장이었던 정추위 교수는 내가 신간 발표회를 열었을 때 축사를 해준 손님 중 한 명이다. 그녀는 치매 환자의 보호자 신분으로 우리에게 흥미진진한 이야기를 들려주었다.

"저는 연구소에서 하는 연구에도 집에서 하는 집안일에도 모두 베테랑이지만, 치매에 걸린 배우자 앞에서는 무력하기만 했습니다. 그가 이 세상에 없는 것도 아닌데, 저는 아무 준비 없이 생각보다 일찍 찾아온 독거 노년을 맞이했지요."

그녀의 이야기는 현장에 있는 많은 직장인 여성들의 공감을 샀다. 발표회가 끝난 후, 주최사인 출판사가 그녀에게 출판 계약을 제안했다. 처음에는 의심스러운 눈초리로 망설이던 작가는 신중한 자세로 계약을 맺었다. 게다가 계약 후 4개월도 채 지나지 않아 눈물 나게 가슴 아린 작품 『아주 느린 작별』을 세상에 내놓았다. 이게 바로 강철 인간 정추위다!

나는 작가와 함께 존타 인터내셔널(Zonta International)°의 회원으로, 30년 넘도록 정장과 하이힐 차림으로 자신감 넘치고 활발하게 회의에 참석하는 그녀의 모습을 매달 보아왔다. 국제적으로도 명성이 높은 이 언어학자는 언어에만 조예가 깊은 게 아니라 성대모사 능력도 엄청나서 늘 우리에게 큰 웃음을 주곤 했다. 최근 몇 년간 치매 남편의 간병 때문에 고생이 많아서인지 우울증에 걸려 살이 10킬로그램이나 빠졌다고 한다. 다행히 정신의학과에서 치료를 시작한 이후 수척해진 두 뺨에 점점 다시 살이 오르긴 했지만 말이다. 이 책을 쓰는 과정 또한 그녀의 치료법 중 하나였으리라.

다정하고 의젓한 성격의 푸보와 작가는 한 쌍의 잉꼬부부로, 단체 활동에도 종종 함께 참석했다. 2020년에 다 같이 여행을 갔을 때 당시 푸보는 경도 알츠하이머병 진단을 받은

○   지도층 및 전문직 여성으로 구성되어 여성 인권 증진을 목표로 활동하는 비영리 단체.

지 이미 3년쯤 지났을 때였다. 내가 먼저 다가가 내 이름을 말하자 그가 자신 있게 대답했다.

"당신이 누군지 내가 모를까 봐요~?"

자신의 기억력 감퇴를 무마하거나 혹은 감추고 싶은 고학력자의 유머였다. 알츠하이머병을 앓던 미국의 레이건 전 대통령이 기억력 감퇴가 진행되던 초기 시절에 이를 감추기 위해 유머를 자주 사용했던 것처럼 말이다.

산책로를 걸을 때, 씩씩한 발걸음으로 계단을 오르내리는 푸보의 뒤를 작가는 가까스로 따라가고 있었다. 그녀는 식사를 할 때도 푸보의 음식부터 지극정성 준비해 주는 동시에 치매 환자에게는 '단일 옵션'을 주어야 한다는 팁을 사람들과 공유했다. 한번은 호텔 화장실에 샴푸, 린스, 보디샴푸와 크림까지 네 종류가 있었는데, 푸보가 "헷갈리네"라고 중얼거리는 소리를 듣고는 샴푸를 제외한 나머지 세 개를 전부 치워서 문제를 해결했다는 것이다. 이 이야기에 영감을 받은 나는 「치매 가족과 여행을 떠날 땐, 단일 옵션이 좋겠다」라는 칼럼을 쓰기도 했다.

그로부터 불과 2년 후, 교무장에 학교장까지 역임한 푸보에게 급속 퇴화가 찾아왔다. 그는 갑자기 어린아이가 되어 작가 뒤만 졸졸 따라다녔다. 목욕과 복약을 거부해서 누군가 보살피지 않으면 안 되는 지경에 이르렀다. 거기에 망상과

충동 장애는 날이 갈수록 심해져 작가의 심신은 날로 피폐해져만 갔다. 이에 그녀는 미국에 사는 딸 란란과 상의 후, 푸보를 요양기관에 보내 전문가의 손길을 빌리기로 한다.

누군가는 이렇게 물을 수도 있다.

"고등교육자는 인지 능력이 '저축'되어 있지 않나? 어떻게 알츠하이머병에 걸릴 수 있지?"

의학계는 알츠하이머병의 '계단식' 증상, 뇌 병변, 유전자 변이에 대해서는 매우 정확히 알고 있지만, 진정한 원인에 대해서는 아직 밝혀낸 바가 없다. 위험인자를 찾아서 그에 대응하는 보호인자로 위험을 낮출 뿐이다. 그중 가장 효과적인 보호인자는 교육을 받거나 뇌를 많이 쓰는 방식으로 인지 기능의 '저축량'을 늘리는 것이다. 물론 알츠하이머병 발생을 절대적으로 예방할 수는 없지만, 증상 발현이나 병의 진행을 늦출 수는 있다. 다만 대뇌의 병변이 점점 심해지면 저축된 인지 능력이 더 빨리 소모되는데, 이를 보상하거나 막을 방법이 없으니 병세가 급속도로 악화할 수밖에 없는 것이다.

모든 치매 환자의 상황은 비슷하나 같지 않아 돌보기에 굉장히 힘들다. 책에서 말한 것처럼 제대로 된 교육 프로그램이 있는 것도 아니고, 그 어떤 호의와 제안도 수박 겉핥기처럼 느껴지기 쉽다.

치매 환자의 보호자는 또 다른 환자이기도 하다. 그러니 자신을 제대로 돌봐야 가족들도 제대로 돌볼 수 있다. 지혜와 인내, 충분한 자원과 때로는 의료 지원도 필요하다. 그래서 작가가 여섯 명의 친구로 구성된 지원단을 만든 것이다. 그러니 위급 상황에 즉시 도움을 줄 수 있는 친구를 두면 좋겠다.

결혼 생활 46년간 한 몸처럼 붙어 있던 남편의 투병 과정과 몸과 마음을 다해 투쟁한 자신의 기록을 가감 없이 독자들과 나눈 작가의 용기와 기개에 존경을 보낸다.

이 책은 이제 시작일 뿐이다. 성실하고 유능한 작가는 알츠하이머병 환자들과 그 가족들이 더 이상 외롭지 않도록, 많은 이들이 치매에 대해 더욱 관심을 가질 수 있게 앞으로도 계속해서 글을 써나갈 테니까.

옮긴이 오하나

중국 전매대학 방송연출과 졸업 후 한국에 돌아와 드라마 제작사에서 글을 썼다. 현재 바른번역 소속 중국어 번역가로 활동하고 있다. 옮긴 책으로는 『그럼에도 사는 게 쉽지 않을 때』, 『나는 대충 살고 싶지 않다』, 『나는 장례식장 직원입니다』, 『세계 최초의 나무 의사, 존 데이비』 등이 있다.

아주 느린 작별

초판 1쇄 인쇄 2025년 8월 13일
초판 5쇄 발행 2025년 11월 14일

지은이 정추위
옮긴이 오하나
펴낸이 김선식

부사장 김은영
콘텐츠사업본부장 임보윤
책임편집 이가현 **디자인** 권예진 **책임마케터** 이고은
콘텐츠사업3팀장 이승환 **콘텐츠사업3팀** 김한솔, 권예진, 이가현, 노현지
마케팅사업1팀 이고은, 지석배, 최민경, 이현주, 김은지 **홍보1팀** 김민정, 홍수경, 변승주
브랜드사업본부장 정명찬
브랜드홍보팀 오수미, 서가을, 박장미, 박주현
영상홍보팀 이수인, 염아라, 이지연, 노경은 **저작권팀** 성민경, 이슬, 윤제희
편집관리팀 조세현, 김호주, 백설희
재무관리팀 하미선, 임혜정, 이슬기, 김주영, 오지수
인사총무팀 강미숙, 김혜진, 이정환, 황종원
제작관리팀 이소현, 김소영, 김진경, 유미애, 이지우, 황인우
물류관리팀 김형기, 김선진, 주정훈, 양문현, 채원석, 박재연, 이준희, 문명식
외부스태프 표지·본문 사진 GABWORKS

펴낸곳 다산북스 **출판등록** 2005년 12월 23일 제313-2005-00277호
주소 경기도 파주시 회동길 490
전화 02-704-1724 **팩스** 02-703-2219 **이메일** dasanbooks@dasanbooks.com
홈페이지 www.dasan.group **블로그** blog.naver.com/dasan_books
종이 신승INC **인쇄** 민언프린텍 **제본** 국일문화사 **후가공** 제이오엘앤피

ISBN 979-11-306-9860-1 03820

- 책값은 뒤표지에 있습니다.
- 파본은 구입하신 서점에서 교환해드립니다.
- 이 책은 저작권법에 의하여 보호를 받는 저작물이므로 무단 전재와 복제를 금합니다.

> 다산북스(DASANBOOKS)는 독자 여러분의 책에 관한 아이디어와 원고 투고를 기쁜 마음으로 기다리고 있습니다. 책 출간을 원하는 아이디어가 있으신 분은 이메일 dasanbodasanbooks.com 또는 다산북스 홈페이지 '투고 원고'란으로 간단한 개요와 취지, 연락처 등을 보내 주세요. 머뭇거리지 말고 문을 두드리세요.